Zeit für Gärten

Eeva und Ulrich Ruoff

Zeit für Gärten

Ein Plädoyer für mehr Gartenkultur

Herausgegeben vom Zürcher Heimatschutz

Verlag Huber Frauenfeld Stuttgart Wien

Wir danken dem Zürcher Heimatschutz für die Förderung dieses Werkes

Bibliografische Information der Deutschen Bibliothek

Die Deutsche Bibliothek verzeichnet diese Publikation in der Deutschen
Nationalbibliografie; detaillierte bibliografische Daten sind im Internet
über http://dnb.ddb.de abrufbar.
ISBN 978-3-7193-1424-8

Sämtliche Abbildungen, wo nicht anders vermerkt,
sind von den Autoren erstellt worden.
Umschlag und grafische Gestaltung: Arthur Miserez, Frauenfeld
Gesamtherstellung: Huber PrintPack AG, 8501 Frauenfeld
Einband: Buchbinderei Schumacher, Schmitten
Printed in Switzerland

Inhaltsverzeichnis 5

Vorwort

Der Zürcher Heimatschutz hat dem Wunsch der beiden Autoren gern entsprochen, die Herausgabe eines Gartenbuchs zu übernehmen, das sie, in dem von der Schweizer Sektion des International Council on Monuments and Sites ausgerufenen Gartenjahr 2006, zu schreiben gedachten. Alle Mitglieder des Vorstands waren sich bewusst, dass die Gärten einen wichtigen Teil des kulturellen Erbes darstellen, dessen Pflege und Erhaltung sich der Heimatschutz zum Ziel gesetzt hat, aber nur wenige hatten sich schon tiefer mit den damit verbundenen Problemen befasst. Das «Plädoyer für mehr Gartenkultur» des für seinen Einsatz zum Schutz von Gärten und Pärken bekannten Ehepaars versprach ein Gartenbuch von ganz besonderer Art zu werden, und diese Erwartung hat sich jetzt erfüllt.

Mit profunder Sachkenntnis und grossem Detailwissen haben die beiden Autoren Dr. Dr. h.c. Ulrich Ruoff

Ausblick vom Park der Villa Alma, Männedorf ZH.

und Dr. Eeva Ruoff Gärten und ihre Geschichte beschrieben. Gärten erfreuen als Kulturdenkmäler unser Schönheitsempfinden und laben unsere Seelen.

Das Buch lebt von den vielen Beispielen. Die meisten stammen aus der Stadt und dem Kanton Zürich. Diese Auswahl hängt natürlich damit zusammen, dass es ein Buch des Zürcher Heimatschutzes sein soll, aber man spürt auch, dass der Fokussierung auf unseren Kanton noch etwas anderes zu Grunde liegt. Hier sind die beiden Autoren daheim. Was sie schildern, liegt gewissermassen vor ihrer Haustüre. Sie schildern den Normalfall. Damit macht es gerade diese Fokussierung aus, dass das Dargestellte nicht bloss von lokalem Interesse, sondern eben beispielhaft ist. Solche kleineren und grösseren Kostbarkeiten müssten sich doch auch vor unserer Haustüre finden lassen, gleichgültig wo diese liegt. Analoges gilt für die leider oft viel zu spät bemerkten Bedrohungen des Kulturgutes, die schon eingetretenen bedeutenden Verluste und schliesslich auch für das, was wir als Heimatschützer dagegen zu unternehmen aufgerufen sind.

«Zeit für Gärten»! Nehmen Sie sich Zeit, liebe Leserin, lieber Leser, beachten Sie die schönen Bilder und freuen Sie sich über die von Menschenhand erschaffenen reizvollen Kulturleistungen.

Marcel Knörr, Präsident Zürcher Heimatschutz

Die Villa Flora, das Heim von
Arthur und Hedy Hahnloser-Bühler,
die eine aussergewöhnliche Kunst-
sammlung aufgebaut hatten, wurde
1995 behutsam in ein Museum
umgewandelt. Auch der Garten hat
den besonderen, privaten Charakter
bewahrt und ist nicht nur wegen
der darin aufgestellten, bedeutenden Skulpturen besuchenswert.
Winterthur ZH.

Zeit für Gärten

... alles mag Lied und Gedicht werden, oder Musik und Philosopie, oder Mythus und Religion, aber innerhalb der sichtbaren Welt muss es früher oder später Garten werden ...

Rudolf Borchardt, Der leidenschaftliche Gärtner

Alte Gärten und Pärke sind wunderbare Erzähler. Sie erzählen von Träumen der Städter, vom Stolz der Bäuerin auf dem grossen Hof, von Launen der Mächtigen und vom Glück des Raritätensammlers. Sie erinnern an Kindheitstage und berichten vom Leben der Vorfahren. Bilder aus längst vergangenen Zeiten tauchen vor unseren Augen auf, wir sehen den Junker im Barockgarten, die Leute aus dem Roman des 19. Jahrhunderts und den Kleingärtner aus den Versen Wilhelm Buschs. Und dann erfahren wir auch etwas aus dem eigenen, wechselhaften Leben dieser Schöpfungen, das nicht unbeeinflusst blieb vom Zeitgeist und den wirtschaftlichen Verhältnissen.

Gärten sprechen uns unmittelbar an. Ob wir auf dem Weg zur Arbeit sind, auf dem Abendspaziergang oder unterwegs in einer fremden Stadt, wenn wir uns nur ein wenig Zeit nehmen und hinhören, verstehen wir die Sprache eines jeden. Wie schade, dass der Garten, wo noch vor wenigen Jahren jeden Sommer viele Blumen und Gemüse gezogen wurden, einem Rasen, ein paar kaum benützten Plastikspielgeräten und einer langweiligen Hecke von Scheinzypressen längs dem Zaun weichen musste. Er gehörte noch zur ländlichen Vergangenheit des Quartiers und drückte dies weit deutlicher aus als das schutzwürdige Wohn- und das Waschhaus daneben.

Über Jahrzehnte haben sich die Passanten an dem wohlgepflegten Garten mit Blumen und Gemüse gefreut, der so deutlich von der dörflichen Vergangenheit des Stadtquartiers zeugte. Nach dem Ableben der Besitzerin änderte sich aber das Bild schlagartig. Zürich-Altstetten.

Der Maler Adolf Dietrich (1877–1957) hat das seinem Haus gegenüberliegende Gärtchen mehrmals gemalt. Ihn faszinierte offensichtlich die liebevolle Gestaltung auf kleinem Raum. Kunstmuseum Winterthur.

lichen Hausgenossen.» Wie nichtssagend wirkt dagegen das «Anstandsgrün», dem man von weitem ansieht, dass bloss versucht wurde, auf sparsamste Art einer gesellschaftlichen Konvention zu genügen, oder das «Abstandsgrün», das zwischen den Verkehrsflächen dahinvegetiert, aber schon längst den Anspruch aufgegeben hat, ansprechend zu sein. Es mag beides ökologisch erwünscht und sinnvoller als Betonschranken sein, aber es wirkt deprimierend. Traurig anzusehen ist auch das «Knausergrün» um so manches Mehrfamilienhaus. Ist uns Gartenkultur im täglichen Umfeld nichts wert, oder haben wir einfach verlernt, auf sie zu achten?

Oft ist es ein Hinweis auf eine gartenkünstlerisch bemerkenswerte Entwicklung, die Bedeutung für das Ortsbild oder auf die Lebensverhältnisse der Besitzer, die einen Garten erhaltenswert machen. Da sind der Vor- und der Nutzgarten ebenso interessant wie der Villengarten.

So gut wie Wohn- und Arbeitszimmer interessiert auch der Garten einer bekannten Persönlichkeit. Wir besuchen die zwei Gärten Goethes in Weimar, weil die Bekanntschaft mit dem Ort, wo er seine Pflanzen pflegte und um ihr Gedeihen bangte, unsere Vorstellungskraft nährt. Er male eigentlich nicht den Garten, sondern das, was zwischen dem Beobachter und dem Garten vorgehe, hat Claude Monet über seine Arbeit in Giverny gesagt. Diese Beobachter wollen heute viele Leute sein, sie fahren nach Giverny und reihen sich ein in die Schlangen

Wäre es nicht Zeit, uns wieder mehr für solche sprechenden Zeugen der Vergangenheit einzusetzen? Der Thurgauer Maler Adolf Dietrich, hat mit dem sicheren Gespür des Künstlers gemerkt, dass auch die bescheidene, fast skurrile Gestaltung des Gärtchens seines Nachbarn etwas Wichtiges aussagen kann. Silvia Kugler, die sich sonst hauptsächlich mit moderner Architektur beschäftigte, hat den Ausdruck der Bilder Dietrichs ausgezeichnet in Worte gefasst: «*Ein eiserner Zaun, abgezirkelte Beete zwischen sauber geharkten Kieswegen, einfriedender Buchs, und eine Gartenbank, auf welcher sich sitzend jeder Strauch, jede Rose und jeder Busch überblicken lassen. Die Rosenbäume sind an einer Hand zu zählen. Ein Taschentuch dürfte die Vergissmeinnichte bedecken. Neben dem Salbeistrauch steht die grüne Petersilie. Jedes Pflänzchen ist dem Besitzer vertraut, er mustert täglich ihre Blätter und Blüten, kennt ihre Launen, lebt mit ihnen wie mit mensch-*

von anderen Verehrern des grossen Künstlers, die auf den Gartenwegen stehen. Und dann kommt plötzlich der Moment, wo sie trotz des Gedränges und der nicht restlos befriedigenden Regeneration des Gartens, die an Farbtönen reiche Palette des Malers zu sehen glauben. Jedes Mal, wenn Gartenfreunde am Haus des Stadtarztes von Zürich im 16. Jahrhundert, Konrad Gessner, vorbeigehen, empfinden sie es als Mangel, dass dort nicht der geringste Hinweis auf seinen Hausgarten zu finden ist, in dem er rare und kostbare Pflanzen zog. Gessner war wegen seiner naturwissenschaftlichen Studien in ganz Europa bekannt. Die Pflanzen waren für ihn aber nicht nur wissenschaftliches Studienobjekt, sondern er interessierte sich lebhaft für ihre Schönheit sowie für gartengestalterische Themen.

Es ist eigenartig zu sehen, wie oft Leute, die sich sonst in Kunst- und Kultur gut auskennen, wenig über Gartengeschichte, geschweige denn über die Gestaltungsprinzipien der verschiedenen Epochen und die ihnen zugrunde liegenden Ideen wissen. Dies trifft selbst für viele interessierte Besucher von schönen Gärten zu. Von den verschiedenen Gattungen von Gärten in der Schweiz haben bisher nur die Bauerngärten einen breiteren Bekanntheitsgrad und Anerkennung gefunden. Ausgehend vom Kanton Bern hat sich eine Art Bauerngartenbewegung entwickelt, und die Bauerngärten sind sehr volkstümlich geworden. Sie sind auch die einzigen Gärten, für deren Pflege und Erhaltung sich heimatschützerische und andere kulturelle Organisationen entschieden eingesetzt haben. Eine der löblichen frühen Ausnahmen sind die Sektionen Thurgau und St. Gallen des Schweizer Heimatschutzes, die 1923 mit der Herausgabe von «Ratschlägen für Gartenbesitzer» auch das Interesse für gute Gestaltungen von Bürger- und Herrschaftsgärten wecken wollten. Auch in den Jahren gleich nach der Gründung des Schweizer Heimatschutzes von 1905 war über Freiraumgestaltung diskutiert worden, nämlich wie die See- und Flussufer in den Städten zu verschönern seien. Zunächst wurden die geradlinigen Uferpromenaden schwer kritisiert und die natürliche Gestaltung wie im Zürichhorn als vorbildlich hingestellt, zehn Jahre später hatte eher die gegenteilige Auffassung Oberhand gewonnen. Diese Kämpfe waren Teil einer allgemeinen Debatte zwischen den Anhängern eines landschaftlichen Stils und den Verfechtern des Architekturgartenstils, die nicht nur im Heimatschutz leidenschaftlich geführt wurde.

Es wäre gut, man nähme auch heute Fragen über Garten- und Parkgestaltungen wieder so ernst wie damals. Da werden immer wieder historische Häuser mit aller Sorgfalt restauriert, die Art des Verputzes diskutiert, Fenstersprossen und Flachziegel verlangt, aber dem Umschwung keine nähere Beachtung geschenkt. Das ist nicht nur dort so, wo sich die Erhaltung eines zum historischen Haus passenden Gartens schwer mit der gewünschten Nutzung vereinbaren lässt, sondern auch in Fällen, wo dies kaum grössere Probleme mit sich bringen würde und die Pflege keinen oder keinen nennenswerten Mehraufwand mit sich brächte.

Die Wörter «Garten» und «Park» haben eine magische Kraft. Welches Restaurant mit ein paar Tischen im Hinterhof bezeichnet sich nicht als Gartenrestaurant? Welche Neubaublöcke lassen sich heute noch verkaufen, wenn sie nicht «Im Park», «Sonnenpark», «Greenpark», «Dahlienpark» oder ähnlich heissen? Und welche schwer vermietbare Parterrewohnung mutiert in den Immobilienanzeigen nicht zur attraktiven «Gartenwohnung»? Dabei sind es oft gerade diese Neubauten, denen ein wertvoller Garten oder Park geopfert wurde. Gartenschauen haben grossen Erfolg, wie die zu Massenveran-

Die Wörter «Garten» und «Park» wecken positive Assoziationen und werden in der Werbung schamlos auch dort eingesetzt, wo eine Überbauung einen Grünraum entwertet.

staltungen gewordenen Ausstellungen im Ausland zeigen. Das Feine und Leise der Gartenkunst geht im grossen Treiben verloren, und der Unterschied zwischen dem Farbenrausch eines vom grossen Könner angelegten Staudenbeets und den bloss Aufmerksamkeit heischenden, knalligen Blumen im Betontrog wird kaum wahrgenommen. Veranstaltungen in den grossen Pärken bringen zwar Mittel für die Pflege ein, verlangen aber, wie auch der Massentourismus, zunehmend nach Einrichtungen, die der Anlage abträglich sind. Aufdringliche Werbung gibt auch oft ein falsches Bild von der historischen und künstlerischen Bedeutung solcher Anlagen. Die öffentliche Aufmerksamkeit und Unterstützung wird dadurch von den Gärten abgezogen, deren Schutz wichtig und dringlich wäre.

Die Einsicht, dass nicht nur Bauerngärten sowie einige Anlagen bei Schlössern und Landsitzen, sondern auch viele andere kleinere und grössere Gärten einen bedeutenden Wert haben, hat sich auch in den Kreisen der Denkmalpflege erst ab den 1970er Jahren verbreitet. Die Charta von Florenz, die Leitsätze über den Umgang mit historischen Gärten festhält, wurde 1981 von ICOMOS (International Council on Monuments and Sites) erarbeitet und publiziert. Erstmals hat damit eine anerkannte, internationale Fachorganisation zum Ausdruck gebracht, dass Gärten genauso wie Bauten zum kulturellen Erbe gehören. Die Charta hat manchenorts ein Umdenken bewirkt und gartendenkmalpflegerische Massnahmen gefördert. Die Verhältnisse haben sich aber doch nicht so verändert, dass man aufatmen könnte. Trotz grösserer Anstrengungen zum Schutz von historischen Gärten ist die Verlustrate deutlich angestiegen. Die Ausweitung der Siedlungsgebiete, die dichtere Bebauung bestehender Siedlungen und die Strassenbauten sind weit schneller fortgeschritten als erwartet. Gleichzeitig ist die Grundlagenforschung zu historischen Gärten nur wenig weiter gediehen. Noch immer mangelt es an genügend breit angelegten Studien über gartenhistorische Themen wie Villen- oder Hausgärten oder die Gestaltung von öffentlichen Anlagen.

Haus- und Villengärten

In den Hausgärten der frühen Neuzeit wurden vor allem Gemüse und Kräuter angebaut und wenn es der Platz erlaubte, setzte man noch einige Obstbäume. Ein Geissblatt durfte an der Hauswand emporklettern oder eine Laube beranken. Man freute sich an einem Rosenstock und baute zu seinem Vergnügen in den langen, biegsamen Zwei-

Auch diese Eiben im Garten eines Sommersitzes in Solothurn waren einst ähnlich schlank wie im Bild unten, aber wie in fast allen historischen Gärten lässt die heutige, zu breit gewordene Form den eleganten Schnitt ihrer Jugendjahre kaum mehr erahnen. Sommerhaus Vigier, Solothurn SO.

Die Spitzen der zu schmalen, hohen «Säulen» geschnittenen Eiben wurden in vornehmen Gärten fantasievoll zu Bällen, Halbmonden, runden Scheiben, Vögeln und anderen Figuren ausgebildet, wie auf diesem Ausschnitt einer Gouache von J.H. Werdmüller aus dem Jahr 1773 zu sehen ist. Ehemaliger Garten des Hauses Neumarkt 11, Zürich, Repro BAZ.

Oft bereichern einzelne markante Bäume das Landschaftsbild sehr. Pyramidenpappeln eignen sich besonders gut dazu, einen Akzent zu setzen. Männedorf ZH.

gen des Apfelbaums eine luftige Hütte, wie Konrad Gessner um die Mitte des 16. Jahrhunderts berichtet. Mit der Zeit wurden die Gärten in eine «zierliche Ordnung» gebracht, in einfachem Barockstil axial angelegt, da und dort mit sogenannten gedrechselten Musterbäumchen verschönert und mit einer geschnittenen Hecke eingefriedet, die man zu verschiedenen eleganten Formen schneiden konnte. Elegant geschnittene Hecken und vor allem Eiben von Obelisken-, Spitzsäulen- oder Pilasterform waren bald in jedem vornehmen Garten zu sehen, und daran sollte sich manchenorts bis zum Ende des 18. Jahrhunderts nur wenig ändern.

Bäume für Garten und Park

Dank den Interessen und Anstrengungen der Mitglieder der Physikalischen – später Naturforschenden – Gesellschaft von Zürich wurden immer wieder neue Pflanzen eingeführt und in den Gärten der einzelnen Mitglieder versuchsweise angebaut. So sollen zum Beispiel die ersten, für die frühen «englischen Anlagen» so bedeutenden Pyramidenpappeln *(Populus nigra «Italica»)* um die Mitte des 18. Jahrhunderts im Schinz'schen Gut im Rötel in Zürich-Unterstrass gesetzt worden sein und alle anderen im Kanton Zürich von ihnen abstammen. Das schnelle Wachstum und die besondere Form machte diese volkstümlich Säulenpappeln genannten Bäume so beliebt, dass niemand auf sie verzichtete, wenn es darum ging, einen grösseren Garten im neuen «Geschmack» anzulegen. In ihrer Begeisterung für die Natur und für Gärten ohne geschnittene Bäume und Hecken wie in der Zopfzeit wählten die Gartenliebhaber gerne, was sich rasch entwickelte und ihren kleinen Landschaftsgarten etwas füllte. Zu den schlanken Säulen der Pappeln wurden «babylonische» Trauerweiden gesellt, denn diese wuchsen nicht nur schnell, sondern bildeten

Die Landschaftsgärten des 19. Jahrhunderts verleihen manchen Stadtquartieren mit ihrem vielseitigen Baumbestand einen besonderen Reiz. In diesem Früh-jahrsbild heben sich die verschiedenen Baumarten durch Farbe und Form besonders deutlich voneinander ab. Bäume des Rieterparks, Zürich-Enge.

mit ihrer melancholischen Hängeform den gewünschten starken Kontrast. Diese erste Generation von Bäumen erwies sich aber als wenig geeignet und konnte sich nicht sehr lange in den Gärten halten. Die weit reichenden und oberflächlich liegenden Wurzeln der Pappeln waren hinderlich, und die Weiden sogen viel Wasser aus dem Boden. Beide Baumarten wurden allmählich durch andere, langsamer wachsende Laubbäume ersetzt. Zu ihnen gehörte auch die Blutbuche, die in einem Wald auf dem Stammberg bei Buch am Irchel im Kanton Zürich vorkommt, die aber wie alle Waldbäume – wenigstens in der Schweiz – bis ins frühe 19. Jahrhundert von den Gar-

tenkünstlern nicht als tauglicher Baum für eine Gestaltung angesehen worden ist. Diese Blutbuchen konnten aus Samen gezogen werden, was der Landschaftsarchitekt und Inhaber der ersten grösseren Gartenfirma in Zürich, Theodor Fröbel, dann auch tat. Er zog viele Tausende von Setzlingen und veräusserte einen grossen Teil davon in Deutschland.

Die erste Baumschule in der Nordostschweiz, die ein grösseres Sortiment von Bäumen für «englische Anlagen» hatte, war jene vom Pfarrer Jakob Nüsperli im Löwenfeld bei Aarau. Seine Pflanzenliste vom Jahr 1808 enthält schon Setzlinge vom Essigbaum, vom Perückenstrauch und von verschiedenen Arten des Ahorns. In die Strauchgruppen wurden gerne Flieder und Zimtrosen gesetzt, es gab aber bis in die1870er Jahre nur die unterschiedlichen Arten und einige durch Mutationen entstandene, buntblättrige Formen, die dann vegetativ vermehrt wurden. Die Kreuzungsarbeit mit Rosen hatte hingegen schon begonnen, und jährlich kamen Dutzende von neuen Sorten auf den Markt. Pfarrer Nüsperli führte sie in einer besonderen Rosenliste auf. Von den bescheideneren Gehölzen waren Mispel und Kornelkirschen (Tierlibäume) die beliebtesten, nicht zuletzt, weil sie auch einen praktischen Nutzen brachten, was bei der Einrichtung der frühen Landschaftsgärten durchaus berücksichtigt wurde.

Nun blieb aber bis etwa zur Mitte des 19. Jahrhunderts ein guter Teil der Gartenbesitzer den neuartigen Gestaltungen und der Verwendung von «wilden» Bäumen gegenüber skeptisch eingestellt. Im Jahr 1844 wurde das in der in Zürich publizierten «Schweizerischen Zeitschrift für Land- und Gartenbau» etwas herablassend mit den Worten festgehalten:

«Wir begegnen mit jedem Schritte noch jenem Gartenstyl, wo ein viereckiger Raum in vier Schilde geteilt ist, die mit Gemüse aller Art bepflanzt und mit schmalen Rabatten umgeben sind, in welchen Fruchtbäumchen, Ziersträucher, Stauden und Sommergewächse in buntem Durcheinander stehen...» Ferner gehörte noch ein Rondell in der Mitte oder ein «Springbrünnlein» dazu, wie der weiteren Schilderung zu entnehmen ist. Es handelt sich bei diesen altmodischen Gärten um einfache Anlagen spätbarocker Art mit den Rahmenrabatten. Viele Abbildungen belegen, dass damals die kleineren städtischen Hausgärten und die bürgerlichen Gärten auf dem Lande, beispielsweise die Pfarrhausgärten, tatsächlich noch fast immer zu dem geschilderten Typ gehörten. Da gibt es im einen dieser Gärten mehr Blumen, im anderen mehr Gemüse, hier sieht man eine Reblaube und dort ein kleines Gartenhäuschen sowie Obstspaliere an der Hauswand, aber die Grundform der Gestaltung bleibt sich gleich.

Neue Ideen und neue Gewächse

Die Industrialisierung und das Wachstum der Städte brachten Probleme, die auch dem besser gestellten Teil der Bevölkerung nicht gleichgültig sein konnten. Wer von den Klagen über schlechte Luft, Rauch und andere ungesunde Ausdünstungen in den Grossstädten gehört oder die elenden Wohnverhältnisse in engen Strassen selbst gesehen hatte, musste sich fragen, wohin diese Entwicklung führen wird. Es wuchs das Verlangen, ein Stück schöne und harmonische Natur vor das eigene Haus zu pflanzen und dort stets vor Augen haben zu können. Die Ideen der Landschaftsgartenbewegung fanden jetzt mehr Anhänger und wurden unter Berücksichtigung der städtischen Verhältnisse neu formuliert. Es wurden Gärten eingerichtet, bei deren Gestaltung die ästhetischen Ideale der Bewegung im Vordergrund standen, aber auch solche, deren Konzept auf einem bewundernswert gründlichen Studium natürlicher Verhältnisse basierte. Gleichzeitig entstanden aber auch viele Anlagen im sogenannten geometrischen Stil, der eine Weiterentwicklung des «französischen» Stils war und vor allem unter den Architekten Befürworter hatte. Es sollte auch im Aussenraum eine klare Ordnung mit geometrischen Grundformen geschaffen, doch nicht auf die reiche Verwendung von Pflanzen verzichtet werden. Teppichbeete waren beliebt. Es kam auf die Form und die Muster der Elemente an und nicht auf die Vermittlung von Naturerlebnissen.

Die Zeit der Gärten mit vier Schilden und einem Rondell in der Mitte war nun endgültig vorbei. Es hatte sich ein grosses Interesse für die einheimische und die fremd

Diese grosse, leicht abgesenkte Anlage mit kleinen Teppichbeetchen vor dem Technikum ist in der Art der in der Schweiz nicht sehr verbreiteten Schmuckplätze gestaltet worden. Im Gegensatz zum zeitgleichen Landschaftsgartenstil liess der geometrische Stil die Gebäudefassaden frei, weshalb vor allem Architekten zu seinen Befürwortern gehörten. Biel BE, Ansichtskarte um 1908, Privatbesitz.

ländische Pflanzenwelt entwickelt, und die Gartenbesitzer wollten immer neue Formen von merkwürdigen Gewächsen kennen lernen und aufziehen. Mit grossem Eifer und Bewunderung oder manchmal auch mehr um sich hervorzutun, wandten sie sich den Magnolien, Weigelien, neuen Lilien, Ritterspornen, Seerosen, Farnen und vielen anderen Pflanzen zu.

Die ersten Zedern in der Schweiz wurden schon im 18. Jahrhundert in den Gärten einiger Pflanzenliebhaber im westlichen Mittelland gepflanzt, da sie aber schwer zu vermehren sind, hat man sie erst in der zweiten Hälfte des 19. Jahrhunderts häufiger verwendet. Die Entdeckung der Mammutbäume (Sequoiadendron giganteum) 1853 in Kalifornien erregte auf der ganzen Welt grosses Aufsehen, im Kanton Zürich erschienen die ersten Setzlinge schon einige Jahre später. Sie wuchsen ziemlich rasch zu wahren Baumriesen heran, manche von ihnen haben

aber seither wegen Blitzschlägen etwas von ihrer Schönheit eingebüsst. Für viele Gärten waren die Mammutbäume viel zu gross, es war nun aber möglich, zahlreiche Arten und Formen von Edeltannen, Föhren, Scheinzypressen und Thujas zu erstehen. Neue Methoden erlaubten es den Spezialisten auch, die selteneren und ständig neuen in Übersee entdeckten Nadelbäume zu kreuzen und schneller zu vermehren. Bald standen den Baumschulen eine grosse Zahl von Koniferen verschiedenster Form und Farbe zur Verfügung. Mit ihnen konnte ein Garten so gestaltet werden, dass er im Wechsel der Jahreszeiten sein Gesicht nur wenig änderte. Mit Nadelbäumen längs den Grenzen blieb auch der Sichtschutz während des ganzen Jahres gewährleistet, was bei den städtischen Hausgärten und Villenpärken besonders erwünscht war. Die Nadelbäume wurden zum charakteristischen Merkmal der Gärten jener Zeit.

Das Seeklima sagt den Mammut-
bäumen zu. Diese und manche
andere imposante fremdländische
Bäume sind heute leider meistens
nur noch die letzten Zeugen von
einst bedeutenden Gärten oder
Pärken. Thalwil ZH.

Vom Landschaftsgarten- zum Wohngartenstil

Der Entwicklung der Gartenkunst in den Städten des 19. Jahrhunderts ist im Unterschied zur Architektur von der kunst- und kulturgeschichtlichen Forschung noch viel zu wenig Beachtung geschenkt worden. Über die damaligen Gärten und Pärke hat man allzu lange nur das gehört, was ihnen die Kritiker vorwarfen, die um die Jahrhundertwende neue Ideen verwirklichen wollten. Es war leicht, den Landschaftsgartenstil zum Vornherein als zum Scheitern verurteilte Nachahmung der Natur oder, was die Haus- und Villengärten betraf, als lächerliches Nachäffen der englischen Pärke des 18. Jahrhunderts en miniature abzutun. Als sehr negativ für das Verständnis der Anlagen im Landschaftsgartenstil wirkte sich auch aus, dass viele von ihnen damals bereits aufgegeben, zum Teil überbaut, verändert oder nicht mehr richtig gepflegt worden waren. Es ist schade, dass wir trotz der vielen Quellen, die guten Aufschluss geben könnten, über die im 19. Jahrhundert schneller als früher wechselnden Trends und die doch sehr unterschiedlichen Ideen und Gestaltungsweisen der verschiedenen Gartenarchitekten nur mangelhaft orientiert sind.

Während der Periode der landschaftlichen Gärten hatte es immer auch Anhänger eines geometrischen Stils gegeben. Um die Jahrhundertwende bekamen sie Oberhand, wozu vielleicht die etwas allzu schwärmerische Begeisterung vieler Vertreter des Landschaftsgartenstils für die Schönheit und Vielfalt der Natur und der Bäume beigetragen hat. Da der geometrische Stil vor allem von Architekten propagiert wurde und manche von ihnen wenig von Pflanzen und von Gartenbau verstanden, wurden die neuen Schöpfungen von den Gegnern der Stilrichtung als Architektengärten verspottet. Daraus hat sich dann der heute geläufige Begriff Architekturgartenstil entwickelt. Wegen seiner schreibgewandten Vertreter

Grosser, sorgfältig konzipierter Vorgarten einer 1911/12 erbauten Villa in Hanglage. Typische Merkmale des Architekturgartenstils sind die geradlinigen Wege und Terrassen, die Hecken, die zu Kugeln geschnittenen Bäume und die Hochstammbäumchen in den schmalen, langen Blumenbeeten. Die als Fassadenschmuck dienenden Pflanzen unterstreichen eher die Architekturformen, als dass sie das Haus ins Grün des Gartens einbetten, wie es die Anhänger von Landschaftsgärten forderten. Heute stehen Neubauten an der Stelle. Zürich-Fluntern, Foto von 1924, BAZ.

ist der Architekturgartenstil bekannter geworden als die weiterhin dem landschaftlichen Gestalten verpflichtete, aber doch auch von neuen Ideen getragene Richtung, die mehr Natürlichkeit und eine andere Art von Ästhetik propagierte. Beide Stilrichtungen sind dann gegen Ende der 1920er Jahre verschmolzen, und es entstand der Wohngartenstil. Die Gärten im Architekturgartenstil waren übrigens gar nicht so nüchtern, wie gemeinhin angenommen wird; es gab grosse Blumen-, vor allem Staudengärten, Trockenmauern für Alpenpflanzen, Lauben und Terrassen mit Heckentoren. Alle Elemente sollten klar definiert und in Grösse, Form und Farbe sehr fein aufeinander abgestimmt sein.

In den Wohngärten der folgenden Zeit wurden markant weniger Bäume gepflanzt als in den vorangehenden Peri-

oden, und man wählte gerne solche mit lockerem Habitus und verzichtete auf die dunkeln Nadelgewächse. Verschiedene Ahorne, Birken, Pappeln und Zierkirschen wurden bevorzugt. Staudengruppen und Sträucher rahmten die Liegewiesen, die Planschbecken und die Bassins mit Granitplattenrändern ein. Für Bergblumen fand man gute Plätze zwischen den Fugen der Terrassenplatten und Treppenstufen sowie an den sonnigen Böschungen. Helle, sonnendurchflutete und überschaubare Gartenräume waren wichtig. In dieser Zeit entstanden auch die Siedlungen von zwei- oder dreigeschossigen Reihenhäusern mit den weiten Rasenflächen ohne jede Abgrenzung, den einfachen Sitzplätzen vor den Wohnzimmern im Erdgeschoss, ein paar Sträuchern und da und dort einer hübschen Blumenrabatte.

Wohngartenstil bei Mehrfamilienhäusern mit Verzicht auf jegliche Einfriedung und mit – nach der damaligen Auffassung – natürlich belassener Umgebung. Seither ist der sehr strapazierte Begriff Natur mit ganz anderen Inhalten versehen worden. Zürich-Riesbach, Foto um 1949, BAZ.

Für die Spätphase des Wohngartenstils waren grosse und grossblättrige Stauden kennzeichnend; auf viele Blüten und Blütenfarben wurde damals nicht mehr so viel Gewicht gelegt wie früher. Hier ist die Bepflanzung zwischen den Bäumen des Strandbads Tiefenbrunnen zu sehen, die im Bild rechts im Zentrum stehen.

Die betont einfache Umgebungsgestaltung im Wohngartenstil, die bei vielen Siedlungen aus der Mitte des 20. Jahrhunderts wegen schlechter Planung oder Ausführung einen lieblosen und monotonen Eindruck macht, lässt vergessen, dass damals auch wichtige, noch heute sehr ansprechende Anlagen gestaltet wurden, die wirklich den Eindruck eines weitgehend im natürlichen Zustand belassenen Areals machen. Ein Beispiel ist das Strandbad Tiefenbrunnen, das 1954 gebaut wurde.

Ein breiter, geräumiger Vorgarten zum Verweilen, wie man ihn im frühen 20. Jahrhundert in Zürich noch geniessen konnte. Die im Architekturgartenstil gestaltete Anlage fiel offensichtlich schon vor 1930 Strassenerweiterungen zum Opfer und das Haus wurde 1968 abgetragen. Zürich-Enge, GTLA Rapperswil.

Vorgärten

Die Gärten zwischen Haus und Strasse oder Platz prägen das Dorfbild oder den Charakter einer Strasse ganz entscheidend mit. Der Vorgarten sei die Visitenkarte des Hauses, wird endlos in Werbetexten von Gartenbaufirmen wiederholt. Das Wort Vorgarten hat einen guten Klang und lässt einen schönen Empfang erwarten, was vom Vorzimmer nicht ohne weiteres gesagt werden kann. In Wirklichkeit aber ist der Vorgarten weit mehr als ein Empfangsraum. Das merken wir vor allem dann, wenn ein Vorgarten plötzlich fehlt. Da ist eine Lücke entstanden, die die Wirkung des Strassenraums auf eine längere Strecke stark beeinträchtigt. Nicht nur die Gruppen von Bauten an einer Strasse oder in einem Quartier sind in der Regel nach einer bestimmten Ordnung und in einem bestimmten Stil gestaltet worden, sondern auch die Gärten. Wenn es um die Erhaltung eines Strassenbilds geht, sind die Vorgärten so wichtig wie die Häuser oder andere Bauten. Beim Ortsbildschutz scheint allzu oft vergessen zu werden, dass die Raumwirkung nicht allein von der Raumform, sondern ebenso von den Farben und Mate-

Grossen, ruhigen Vorgärten, wie sie einst die Planer für viele Quartiere vorgesehen hatten, begegnet man meistens nur noch in kleineren Ortschaften, und auch dort verschwinden sie mehr und mehr, weil grössere Neubauten anstelle der Einfamilienhäuser treten oder die Besitzer Abstellplätze für Autos einrichten. Bad Ragaz SG.

rialien der Bauten, von der Gestaltung der Gärten sowie von der Grösse und Gruppierung der Gehölze abhängt.

In den alten Städten samt ihren Vorstädten gab es wenig Strassengrün, da die Häuser meistens direkt oder in einem von einer Mauer umschlossenen Hofraum an der Strasse standen. Diskussionen um den Wert der Begrünung von Strassen und um Vorgärten entstanden erst, als die Städte in die ländlichen Vororte hinauswuchsen, wegen einer raschen Bevölkerungszunahme Stadtteile mit schlechten Wohnverhältnissen entstanden waren oder zu entstehen drohten und neue Quartiere erschlossen werden mussten. Die Ansichten der Befürworter und der Gegner von Vorgärten gingen sehr stark auseinander. Die Besitzer von relativ kleinen Grundstücken in den verstädterten Aussenquartieren sowie die Gartengestalter gehörten mehrheitlich zu den Gegnern von Vorgärten. Sie hielten es für eine Verschwendung von knappem Gar-

tenboden, wenn ein neues Haus nicht an die Strasse gestellt werden durfte. Der gemütliche, ruhige Garten für die Familie oder der Nutzgarten sollte möglichst gross und zusammenhängend sein. Gartenarchitekten und einzelne Planer kritisierten auch, dass für schmale Vorgärten keine ansprechende, gute Gestaltung möglich sei. Werde eine Vorgartenzone vorgeschrieben, so müsse diese so tief sein wie bei Gärten vor Häusern auf dem Lande. Wenn in den Vorgärten Gartenhäuschen und Bäume stehen könnten, wären sie wohnlich und das Strassenbild parkartig und ästhetisch ansprechend, ohne dass man auf öffentliche Kosten Alleebäume pflanzen und pflegen müsste.

Vorschriften für Vorgärten

Trotz der Gegner setzten sich bis gegen Ende des 19. Jahrhunderts Vorgärten in den meisten neuen Quartieren der Städte durch. Zunächst ging es allerdings vor

Die gut gepflegten Vorgärten mit dem ursprünglichen, eisernen Gartenzaun werden immer seltener. Zürich-Albisrieden.

allem darum, mit Baulinien, die für die Häuser einen gewissen Abstand von der Strasse vorschrieben, genügend Strassenraum zu sichern. Schon die im Jahr 1863 erlassene Bauordnung der Stadt Zürich hatte es den Behörden erlaubt, Baulinien hinter der Strasse festzulegen, wobei aber beim Bau von Häusern auch immer eine Sockelmauer mit Geländer an der Strassenlinie erstellt werden musste. Es sollte verhindert werden, dass bei der Vorplatzbenützung das Trottoir oder die Strasse in Anspruch genommen wird. Die Vorschrift, die Abgrenzung mit Geländer und nicht mit einer Mauer auszuführen, zeigt aber auch das Bestreben, Licht und Luft – so heisst es in späteren Sonderordnungen – guten Zutritt zu lassen.

In den Wohnquartieren der begüterteren Kreise hatte man wenig dagegen einzuwenden, wenn durch eine Bauordnung ein Vorplatz vorgeschrieben wurde, den man zu einem repräsentativen Vorgarten gestalten konnte. Die schönen Vorgärten und oft noch zusätzlich eine Alleepflanzung zeichneten die Strasse, in der man wohnte, als «bessere» aus. Es konnte nicht ausbleiben, dass die grössere Wohnqualität erkannt wurde, die Strassen mit Vorgärten hatten. Für die Städte hatten Vorgärten, die durch eine Baulinie oder einen Bebauungsplan vorgeschrieben werden konnten, den Vorteil, dass die Strassen auch ohne öffentliche Baumpflanzungen einen freundlichen Charakter oder bei Boulevards eine wirkungsvolle Breite bekamen. Allerdings musste auch eine Käuferschaft gefunden werden, die sich das leisten konnte, und das war bei grossartigeren Plänen nicht immer leicht.

Um die Jahrhundertwende widmeten die Gartenbücher und -zeitschriften den Anleitungen, wie man einen Vorgarten richtig bepflanze, recht viel Platz. Die Autoren legten ihren Lesern ans Herz, den Vorgarten musterhaft zu pflegen. Es sei wichtig, dass im Vorgarten peinliche Sauberkeit herrsche, der Rasen stets kurzgeschnitten und die Gewächse reichlich gegossen würden, schreibt ein Autor. Den Empfehlungen wurde Folge geleistet, wie alte Abbildungen zeigen.

Die Bepflanzung

Die Bepflanzung der Vorgärten bei den mehrstöckigen, städtischen Häusern war nicht immer einfach. Solche Vorgärten waren meistens schmal und trocken, und dazu oft noch schattig. Die Pflanzenwahl war deswegen begrenzt. Die Städter kannten keine Abneigung gegen die Eibe, die für Vieh giftig ist, und sie wurde zusammen mit den Stechpalmen, Farnen und Immergrün zu den klassischen Vorgartenpflanzen der Zeit vor dem Ersten Weltkrieg. Mehrere ausländische Pflanzen, wie die verschiedenen Aucuba, Buchs, Hortensien, Kirschlorbeeren, Mahonien sowie Scheinzypressen erwiesen sich für die erwähnten schwierigen Verhältnisse auch recht geeignet. Das Interesse an den buntblättrigen Formen von verschiedensten Pflanzen wuchs, sie waren in den Beeten, in denen Blumen nur schwer kultiviert werden konnten, eine schöne Abwechslung. Als gute Vorgartenpflanzen erwiesen sich ferner die Funkien, deren kleine, bleichlila oder weisse Glocken die Gartenfreunde bis dahin nicht sonderlich begeistert hatten.

Mit der Verwendung von Schlingpflanzen wurde nicht nur den einzelnen Vorgärten, sondern zugleich ganzen Strassenzügen ein begrüntes, freundliches Aussehen verliehen. Die Auswahl war schon gegen Ende 19. Jahrhundert praktisch so gross wie heute. Es gab Efeu und Geissblatt in verschiedenen Formen und Varianten, Glyzinien, Kletterhortensien, Trompetenblumen, Waldreben und dazu noch Kletterrosen in immer neuen Sorten. Im frühen 20. Jahrhundert wurden besonders die Kletterrosen vom *Rambler*-Typ beliebt, von denen einige als sensationelle Neuigkeit auf den Markt gekommen waren. Sie wurden nicht nur an die Hauswände gesetzt, sondern auch oft an die Zäune.

Zäune, Hecken und Mauern

Die Eisenwarenfabriken stellten besondere Rankrosenzäune her. Es wurden auch Teilstücke fabriziert, die als eine Art oberes Stockwerk auf die herkömmlichen Vorgartenzäune montiert werden konnten. Heute gehören

Die Rankrosen und die gespannten Drähte, an die sie einst gebunden waren, fehlen, nur die für viele Passanten unverständliche Stange steht noch da. Dies ist häufig zu beobachten; hingegen leider nur ganz selten die früher gewohnte Blütenpracht. Zürich-Riesbach.

Manchmal findet sich wenigstens noch eine üppige Begrünung mit wildem Wein an den gespannten Drähten über den Eisenzäunen. Vergleicht man eine solche Situation mit derjenigen von Strassenzügen, wo bei den Häusern nachträglich die Vorgärten entfernt worden sind, spürt man, dass eine für die architektonische Wirkung notwendige Einheit verloren gegangen ist. Zürich-Riesbach.

solche Zäune zu Raritäten, denen man selten begegnet.

Eisenzäune waren in den Städten, seit sie als Fabrikware bezogen werden konnten, üblich geworden, bei den älteren Gebäuden recht fein gegliederte, später eher solche in üppigerer Ausführung. Für Villen wurden hohe und oft reich ornamentierte Zäune hergestellt, die Einfriedungen bei einfachen Häusern waren hingegen im späten 19. und vor allem im frühen 20. Jahrhundert oft auf einfache Art aus geraden Profilstäben gefertigt. Sie standen in der Regel auf niederen Mauersockeln, was in Zürich auch Vorschrift war. Eine zusätzliche Heckenbepflanzung war nicht erwünscht, der Vorgarten sollte gesehen werden.

Im Zusammenhang mit der aufkommenden Architekturgartenbewegung wurden die bisherigen eisernen, insbesondere die gusseisernen Zäune, Tore und die gelegentlichen Lauben in den Ecken von Vorgärten als schlechte Massenware abgelehnt. Man hat nun dank einer breit angelegten Propaganda für handwerklich hochstehende Erzeugnisse die Vorgärten in den neuen Quartieren oft mit einer Kombination von Lattenzaun und Mauer oder nur mit einer Mauer eingefriedet. Die Zürcher Bauordnung wurde abgeändert, das Erstellen einer Mauer konnte wieder bewilligt werden. Für die Hauswände gab es nun besonders gestaltete Spaliergerüste, denn frei kletternde Pflanzen hatten nach Ansicht der Gestalter zu wenig Form. Gerade Staudenbeete und zu Kugeln geschnittene Bäumchen ersetzten die bisherigen Teppichbeete oder die «natürliche» Art der Bepflanzung. Die Anhänger der Architekturgartenbewegung liebten es selbstverständlich auch, geschnittene Hecken anstelle von Zäunen anzulegen. Höhere Hecken waren ein guter Sichtschutz und eigneten sich deshalb besonders für etwas tiefere Vorgärten von Einfamilien-

Noch bleibt Hoffnung, dass dieses eiserne Nebentor aus der Entstehungszeit des Gartens restauriert wird, denn auf den Hauptseiten des Grundstücks sind Zaun und Tore in sehr gutem Zustand. Das Nebentor und der Weg sind ein kleines, aber wichtiges Zeugnis der ursprünglichen Gestaltung. Winterthur ZH.

Die Vertreter des Architekturgartenstils wandten sich gegen die Verwendung von Elementen aus Massenproduktion. Hölzerne Zäune und Tore entsprachen auch den Forderungen der gleichzeitig entstandenen Bewegung des Heimatstils besser als die eiserne Fabrikware. Zürich-Unterstrass.

häusern und Reihenhäusern, da sie diese zu einem etwas persönlicheren Bereich machten. Hecken prägen auch heute noch das Bild der Strassen mit langen Hausreihen von genossenschaftlichen Siedlungen aus den 1930er Jahren.

Freie, offene Vorgärten

Bei den Verfechtern des Wohngartenstils, der damals schon begonnen hatte, waren jedoch sowohl die Zäune als auch die höheren Mauern oder Hecken der älteren Vorgärten verpönt. Der Vorgarten sollte gegen die Strasse hin möglichst offen sein. Eine niedrige Mauer mit Granitplattenabdeckung genügte den behördlichen Vorschriften, und einige Blütensträucher und Staudengruppen auf einem gepflegten Rasen drückten den neuen, ungezwungenen Geist der Zeit nach der Meinung der Gartenarchitekten besser aus als die früheren, pflegeaufwendigen Bepflanzungen. Vor allem in den 1930er Jahren wurden in Hanglagen aber auch noch oft aufwendige Gestaltungen ausgeführt. Mit langen Stütz-

Bei Vorgärten in steiler Hanglage kommt die Art der Bepflanzung besonders gut zum Ausdruck. Das Bild zeigt eine Terrassierung und eine Begrünung mit Polsterpflanzen und hängenden Gewächsen, die mit der Architektur des Hauses harmonieren. Zürich-Oberstrass.

mäuerchen aus Bruchsteinen wurde der Hang abgestuft, mit rohen Steinplatten kleine Treppen und Wege angelegt und in die Fugen Bergblumen gepflanzt. Wegen mangelnder Pflege und dem Schatten von zu gross gewordenen Bäumen überlebten die sonnenbedürftigen Alpenpflanzen aber oft nicht lange, und der Vorgarten verlor seinen besonderen Reiz.

Gärten in Hanglage wären natürlich allgemein ein für die Schweizer Städte wichtiges Thema. Auf gestaffelten Grundstücken am Hang baut jeder Besitzer sein Haus wegen der Aussicht am liebsten am oberen Rand. Die hangparallelen Erschliessungsstrassen sind deshalb auf der oberen Seite immer von Gärten begrenzt, die früher in Villenquartieren oft auffallend sorgfältig und elegant gestaltet worden sind. Noch findet sich in solchen Quartieren manche Strasse, auf der man streckenweise das Gefühl hat, durch die Pärke selbst zu spazieren, aber leider

erlebt man immer öfters, dass die einst prächtigen Strassenzüge durch Hangeinbauten, Garageeinfahrten und Abfallcontainer entstellt werden.

In den 1940er Jahren wurden sehr viele der alten Eisenzäune entfernt, und auch später gab es Phasen, in denen jeder Hausbesitzer, der nicht als altmodisch gelten wollte, den Zaun vor dem Haus entfernen musste. In jüngerer Zeit spielten dabei ästhetische Gründe weniger eine Rolle als die Vorstellung, dass Zäune Ausdruck einer asozialen Haltung seien. Mit ihrer Beseitigung verlor die Vorgartenzone meistens ihren Charakter, was sich für das Strassenbild negativ auswirkte. Vielen kleinen, anspruchslosen Gestaltungen fehlte jetzt ein wesentlicher Teil vom ursprünglichen Konzept. Nur allzu oft sind die Sockelmauern stehen geblieben und fallen seither dem aufmerksamen Betrachter als zu niedrige Elemente auf. Bedauerlich ist ferner, dass dem Trend, Einfriedigungen

Es fehlt der Zaun, und es ist deshalb trotz der guten Pflege des Grüns keine befriedigende Gestaltung entstanden. Ohne einen rahmenden und stützenden Zaun können keine von der Hauswand weggerückten, höher emporrankenden Gewächse gepflanzt werden. Der Vorgarten hat die richtigen Proportionen verloren. Zürich-Riesbach.

zu entfernen, auch viele kunstvolle, stilistisch mit dem Haus eine eindrückliche Einheit bildende Zäune zum Opfer gefallen sind. Ungefähr zur gleichen Zeit, als es zu den zaunlosen Vorgärten kam, wurden die Rhododendren als gute Pflanzen für schattige Verhältnisse entdeckt. Sie waren – und sind – bodendeckend, blühwillig, immergrün und ertragen sehr viel Schatten. Die Gegenreaktion liess aber nicht sehr lange auf sich warten. Die Rhododendren brauchen Moorbeete, was bald lautstarke Proteste von Naturfreunden und von Befürwortern der Wildgärten hervorrief.

In den letzten Jahrzehnten wurde die Art der Gestaltung der Vorgärten nicht mehr gross diskutiert. Gärtnereien und Gartenarchitekten machten sich anheischig, fast jeden Wunsch erfüllen zu können, vom «japanischen Garten» bis zum Biotop. Tradition und gesellschaftlicher Druck, was sich gehöre, fielen vor allem in städtischen Verhältnissen weitgehend weg und damit auch eine gewisse Einheitlichkeit, die manchen bescheidenen Gestaltungen einen gewissen Wert verlieh. Zudem kam es auch häufig zu einem Stilbruch zwischen der Art des Vorgartens samt Einfriedung und der Architektur des Hauses.

Die Einfriedung der Vorgärten mit Hecken links im Bild entspricht zwar nicht dem Originalzustand, die Einheitlichkeit und die Birkenreihen ergeben aber ein schönes Strassenbild. Schade, dass der rechten Seite die Geschlossenheit mangelt. Zürich-Oberstrass.

Wenn wir uns da und dort wieder Zäune wünschten und der Einheitlichkeit das Wort reden, ist uns wohl bewusst, dass Gartenarchitekten der 1940er und 50er Jahre vehement vielgestaltigere Vorgärten forderten. Was sie anstrebten, war aber nicht das heutige Kunterbunt und die mit Unkraut bewachsenen Lücken, sondern eine Vielfalt, die sich über eine ganze Reihe von Vorgärten zu einer Gesamtgestaltung, also einer Art höherer Einheit fügt.

Garagen und Abfallcontainer

Die weit schlimmere Entwicklung war aber, dass in ganzen Quartieren ein Vorgarten nach dem andern aufgehoben und Autoabstellplätze oder Garagebauten erstellt wurden. Diese Entwicklung hält immer noch an. Es gibt zwar seit langer Zeit immer wieder Bestrebungen, etwas für die Erhaltung der Vorgärten zu tun, aber – wenn sie überhaupt einen gewissen Erfolg hatten – vermochten sie doch noch nirgends die notwendige breite Wirkung zu entfalten. In Bern setzte man sich besonders für die Erhaltung der Vorgärten des Kirchenfeldquartiers ein, und in

Basel will man seit langem mit Vorgartenprämierungen die Bevölkerung auf ihre Bedeutung aufmerksam machen. In Zürich fanden in den 80er Jahren Vorgartenwettbewerbe mit dem gleichen Ziel statt. In Zusammenhang mit denkmalpflegerischen Unterschutzstellungen von Häusern sind auch öfters Regelungen für die Vorgartengestaltung getroffen worden.

Allgemeine gesetzliche Vorschriften, die einen gewissen Schutz bewirken sollten, gibt es zwar vielerorts, sie lassen aber in fast jedem Fall der Interpretation einen so grossen Spielraum, dass sie wirkungslos bleiben. Es genügt auch nicht, wenn nur das Ziel gesetzt wird «Vorgärten als Grünflächen zu erhalten», wie es einem neueren Bericht der Behörden zur Stadtentwicklung Zürichs steht. «Die Vorgärten ... sind gärtnerisch zu gestalten», heisst es in einer Satzung, die im Jahr 2003 für das Ortsbild von Nippes in Köln-Riehl erlassen wurde, und es wird präzisiert, dass damit eine Gestaltung mit Blumen, Sträuchern oder Bäumen gemeint sei. Wie schön wäre es, wenn dieses Beispiel Schule machen würde.

Bäume und Grünflächen zwischen den Häusern weichen immer öfters Parkierungsflächen und Zufahrten zu unterirdischen Parkhäusern. Es ist unverständlich, dass neben einem schutzwürdigen Haus, zu dem nach Gesetz auch die für seine Wirkung notwendige Umgebung gehört, eine solche Verödung bewilligt worden ist. Wädenswil ZH.

An Hanglagen tragen die Gärten zwischen Haus und Strasse besonders viel zu einem schönen Strassenbild bei. Sie bestimmen ganz wesentlich, ob eine Stadt als durchgrünt erlebt wird. Leider wird diesem Aspekt wenig Rechnung getragen und die Situation durch unsensibel zusammengestellte Garagebauten, Einfahrten und gestalterisch unbefriedigende Treppenanlagen verdorben. Winterthur ZH.

Blick in zwei Gärten eines Gartenareals einer Wohnkolonie, die in den 1920er Jahren im Geist der Gartenstadtbewegung entstanden ist. Hier wie in zahlreichen ähnlichen Fällen sind die einst einheitlichen Pflanzgärten einer Vielzahl von unterschiedlichen Aussenräumen vom Gemüsegarten bis zu ungepflegten Abstell- und Sitzplätzen gewichen. Es fehlt die Einsicht, dass ohne gemeinschaftlich erarbeitetes Gestaltungskonzept für die Gärten der einst vorbildliche Charakter der Wohnkolonie und ihr Wohnwert immer mehr verloren gehen. Winterthur ZH.

Die Betontröge mit den Pflanzen mildern den trostlosen Anblick der Parkierungsfläche anstelle eines Vorgartens kaum, die Pflege des minimalen Grüns verrät aber, dass es doch noch Leute gibt, die die zunehmende Verödung von Strassenräumen und von unserer Wohnumgebung wahrnehmen. Winterthur ZH.

Die gut gepflegte Grotte im Pariser Park «La Bagatelle» ist ein wichtiger «Point de Vue» inmitten der üppigen Vegetation. An heissen Tagen geniesst man die Kühle der Grotte, und es macht Spass, den von Edouard André, dem grossen Gartenkünstler des 19. Jahrhunderts, geschaffenen Park durch die verschiedenen Ausblicksöffnungen zu bewundern.

Aufmerksamkeit für viele Details

Grotten und Grottenmeister

Der Landschaftsgartenstil förderte das Interesse für Einbauten, die den sonst einheitlich grünen Wiesen und Baumgruppen der neuartigen Gärten vielfältige Kontraste und mehr Abwechslung verleihen konnten. Es wurden Teiche, Bachläufe sowie kleine Wasserfälle angelegt und ansprechende Brücken, sorgfältig gestaltete Aussichtsplätze mit Sitzbänken und Gartenpavillons verschiedener Art geplant. Auch noch im späteren 19. Jahrhundert, als ein bereits viel grösseres Pflanzensortiment zur Verfügung stand, blieben solche Elemente ein wichtiges gestalterisches Mittel. Es waren nun vor allem offene, luftige Gartenhäuschen und Lauben aus Holz oder aus Gusseisen beliebt. In den Teilen der Gärten, denen man einen waldartigen Charakter geben wollte, wurden Felspartien sowie Grotten und davor Wasserbassins in der Art kleiner, natürlicher Teiche angelegt. Es war auch üblich, die Wege mit sogenannten Grottensteinen einzufassen. In

In einem mit seltener Hingabe gepflegten Privatgarten in Glarus gibt es noch eine etwa vor hundert Jahren angelegte «Wasserrille». Dieses Bächlein zwischen den Steinen trägt trotz seiner Kleinheit sehr viel zur Belebung einer Schattenpartie bei. Garten der Villa Schuler, Glarus GL.

der Schweiz fehlte es natürlich nicht an Steinen, aber die Herrichtung grosser Brocken in die gewünschte Form und der Transport waren doch teuer. Man behalf sich deshalb oft mit künstlichen Steingebilden. Einige Fabrikate waren recht plump, andere wirkten echtem Fels zum Täuschen ähnlich. Was für eine Bedeutung die Grotten hatten, geht allein schon daraus hervor, dass es für deren Bau Spezialisten, die sogenannten Grottenmeister, gab. In Gartenbauausstellungen wurde dem Grottenbau viel Gewicht gegeben, es wurden Wettbewerbe für Grottenentwürfe veranstaltet und Anleitungen zur eigenen Anfertigung von Grottensteinen publiziert. Leider ist das mit allen seinen Zweigen sehr breite Thema der Grotten zur Zeit des Landschaftsgartenstils noch nie richtig studiert worden, und es fehlt auch an einer genügenden Dokumentation der Zeugnisse in den Gärten.

Vom Rabattenziegel bis zur Gartenlaube

Im späten 19. Jahrhundert begann nicht nur die fabrikmässige Produktion von Grottensteinen, sondern auch von weiteren Objekten zur Ausstattung der Gärten, wobei in erster Linie Zement, Gips, Terracotta und verschiedene Arten von Kunststein verwendet wurden. Für die Einfassung von Blumenbeeten und die Partien der Gartenwege, die von höheren Pflanzen gesäumt waren, gab es sogenannte Rabattenziegel. Sie wurden sowohl aus Ton als auch aus Zement hergestellt. Die tönernen Fabrikate zierte häufig ein etwas reicheres Dekor mit antikisierenden Mustern. Sie hatten aber den Nachteil, dass sie frostempfindlich waren. Wir kennen sie deshalb fast nicht mehr von Gärten, sondern nur noch aus den Abbildungen in alten Annoncen der Ziegeleien wie zum Beispiel der Ziegelei von Carl Bodmer in Zürich-Wiedikon. Ferner sind tönerne Rabattenziegel gelegentlich noch in Museen zu sehen. Im Ziegelei-

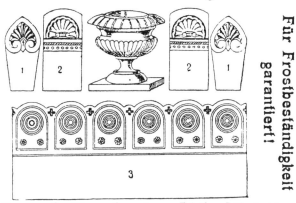

Cement-Gartenbeet-Einfassungen & Vasen

Für Frostbeständigkeit garantiert!

Favre & Cie., Cementwaren-Fabrik, **Altstetten.**
Bureau Zürich: Tödistrasse 65.   Telephon 3321.

Rabattenziegel wurden einst in fast jedem Garten verwendet. Da die tönernen Fabrikate von solchen Einfassungselementen frostempfindlich sind, findet man heute meistens nur noch diejenigen, die aus Zement hergestellt wurden. Es gab auch breite Elemente, bei denen sich das Muster zwei- oder mehrfach wiederholte. Die Altstetter Firma Favre & Cie. stellte selbst Stücke her, die sechs Einzelelemente zusammenfasste.

Die klassisch mit Palmetten verzierten Stücke sind in einem Vorgarten zu sehen, und die einfacheren fanden als Einfassung eines Beetes für Spalierobst Verwendung. Zürich-Altstetten und Glarus GL.

Diese Fotografie aus den 1980er Jahren zeigt eine Pergola von einem seltenen und im Kanton Zürich wohl einzigartigen Form. Vier Gänge sind zu einem Rechteck zusammengeschlossen. Es handelt sich um ein schutzwürdiges Denkmal, das eigentlich vom Kanton als Eigentümer unterhalten werden müsste. Heute präsentiert sich die ganze Anlage aber in völlig verrostetem und überwuchertem Zustand. Zürich-Enge.

Museum in Cham finden sich Stücke von verschiedenen Schweizer Tonfabriken. Die Rabattenziegel aus Zement tragen meistens ein einfaches Reliefmuster auf der sichtbaren Seite. Für die Umrandungen von Gräbern gab es auch mit einem Kreuz dekorierte Rabattenziegel. Ferner wurden für Einfassungen auch gusseiserne und farbig angestrichene Teile hergestellt, zum Beispiel rote, die wie Korallen aussahen.

Die Entwicklung der Gusseisentechnik erlaubte es, Zierstücke wie Vasen oder stärker ornamentierte Gartenbänke, Stühle und Tische herzustellen, die sich nicht

Mit Kletterrosen umrankte Pergola aus weiss gestrichenem Holz. Die meisten Konstruktionen dieser Art aus der Zeit des Architekturgartenstils sind schon längst abgetragen worden, da sie viel Unterhaltsarbeit brauchten. Zürich-Riesbach, Foto um 1985, BAZ.

Der kunstvolle Aufbau dieser originellen Art von Lauben aus Kornelkirschen, volkstümlich «Tierlibäumen», kann am besten im laublosen Zustand studiert werden. Chorherrenstift Beromünster LU.

nur die reichsten Gartenbesitzer leisten konnten. Sie waren im 19. Jahrhundert meistens dunkelgrün gestrichen. Die Ziermuster hat man gelegentlich goldfarbig hervorgehoben. Statuen, Springbrunnen, Lauben, Pavillons und Pergolas wurden nicht in grossen Mengen hergestellt, hatten deshalb ihren Preis und fanden keine grössere Verbreitung. Insbesondere die frühen Fabrikate waren auch von recht hoher Qualität und liessen sich selbst in anspruchsvoll gestalteten Gärten verwenden.

Zur Zeit der Architekturgärten wurden Pergolen und Gartenlauben recht oft in Holzgitterarbeit, in Anlehnung an die spätbarocken Treillage-Bauten (Bauten aus Holzgitterwerk), doch in einfacheren Formen erstellt. Ohne sorgfältige Pflege wurden sie im feuchten Mikroklima unter den wuchernden Pflanzen meistens schnell morsch. Die von Le Corbusier entworfenen zwei Eckpavillons, die am Rand des Gartens der Maison Blanc in La Chaux-de-Fonds standen, wurden kürzlich für rund eine halbe Mio. Franken rekonstruiert. Sie wurden weiss gestrichen, wie es zur Zeit der Architekturgärten üblich war. Ab und zu wurden allerdings auch andere Farben verwendet, so zum Beispiel blau für die Holzelemente der Pergola bei der Villa Schoeller am Zeltweg in Zürich, was neben dem Senkgarten dieser Villa mit gelben und blauen Blumen einen sehr eleganten Eindruck machte. Das viele Blau brachte die gelben Blumen richtig zum Leuchten.

Fassaden- und Fensterschmuck

Bei den vornehmen Privathäusern wurde gegen das Ende des 19. Jahrhunderts sogenannter Fassadenschmuck üblich. Damit waren nicht bloss die an Hauswänden emporkletternden Schlingpflanzen gemeint, die man schon seit längerer Zeit gerne verwendete, son-

Die Rebe, die klassische Kletterpflanze, ist zum Beranken einer italienisch anmutenden Pergola eines Villengartens ebenso geeignet wie für ländliche Bauten. Villa Bleuler, Zürich-Riesbach.

dern die Begrünung von Fenstern und Balkons mit wohl überlegten Kompositionen von Blumen, Blattgewächsen, hängenden, kletternden sowie einrahmenden Schlingpflanzen und zu verschiedenen Formen geschnittenen Kleingehölzen. Georges de Montenach berichtet in «La Fleur et la Ville», dass man in Zürich vor wenigen Jahren ein riesiges Gebäude errichtet habe, «le Château-Rouge; son architecture très romantique est fort soignée et cependant une vigne d'Amérique est venue de suite couvrir de ses écailles pressées les hautes façades; elle encadre les fenêtres, retombe sur les balcons, et ce bâtiment un peu lourd a maintenant une grâce inimaginable.»
Die Pelargonien, die die Deutschschweizer Geranien nennen, waren die idealen Blumen für die Blumenkisten vor dem Fenster. Sie blühen unermüdlich trotz Hitze und

Trockenheit. Einige Arten von diesen südafrikanischen Pflanzen *(Pelargonium sp.)* waren bereits im frühen 17. Jahrhundert in Europa eingeführt worden. Zur beliebten Blume für das Fenstersims und den Balkon wurden aber erst die Geranium-Kreuzungen, die man 200 Jahre später zu züchten begonnen hat. Jedes Jahr wurden Geranienhybride in neuen Farbnuancen und mit noch grösseren Blumen auf den Markt gebracht. Es gab Geranien mit gefüllten und einfachen Blüten und mit einfarbig grünen oder mit bunten Blättern. Die Neuigkeiten wurden von Fachleuten genau studiert und kommentiert. So sollen sich nach einem deutschen Reisenden die Geranien der Sorte «Rival» im Sommer 1911 als Fassadenschmuck der Villa Rieter (gemeint ist das heutige Rietberg-Museum) in Zürich sehr schön präsentiert haben.

In Paris gab es schon vor der Jahrhundertwende eine Gesellschaft, die sich für die Verschönerung der Grossstadt durch Blumenschmuck vor den Fenstern einsetzte. Die öden, grauen Strassenschluchten mit den uniformen Mietskasernen sollten belebt und fröhlicher werden. Westschweizerische Gartenbauvereine haben die Idee aufgegriffen, die Fensterfronten mit Blumen zu verschönern. Die rotblühenden Geranien wurden in den 1920er Jahren zum typischen Fassadenschmuck der Häuser in der Schweiz. Vielleicht lag das daran, dass der Farbton einiger Sorten recht gut dem roten Grund der Schweizerfahne entsprach. Für etwa zwei Generationen standen dann während der Sommermonate vor fast jedem Fenster Geranien, von der Alphütte bis zum Bundeshaus. Ausländer staunten darüber, dass es die Schweizer fertig gebracht hatten, in ihrem ganzen Land einen Sinn für Gepflegtheit zu wecken, der sich selbst noch in einem Detail wie dem Fensterschmuck äusserte.
Einige Gartenfachleute hatten die Geranien in den 1970er Jahren dann aber doch satt und begannen einen

Die roten Geranien wurden in der Schweiz um 1920 zum beliebtesten Fensterschmuck und kamen erst vor 30 Jahren wieder ein wenig aus der Mode. Einem so aufwendigen Geranienschmuck wie im Bild begegnet man heute am ehesten noch bei bernischen Bauernhäusern. Zimmerwald BE.

Ein Plus für das Restaurant «Au Premier» im Hauptbahnhof von Zürich: Nach einer Phase der 1980er Jahre, in der nur Plastikgeranien auf allen Fensterbänken des ehrwürdigen Bahnhofgebäudes standen, gibt es nun wieder echte Blumen.

kleinen Feldzug dagegen. Sie riefen dazu auf, die Fenstersimse und Balkone mit anderen Pflanzen zu schmücken, und organisierten dafür sogar spezielle Kurse. Der Mehrheit der Bevölkerung wollte es eben nicht so leicht gelingen, anderes als die kräftigen Geranien zum Blühen zu bringen. Die Westschweizer Verschönerungsvereine hatten sie seinerzeit nicht ohne Grund empfohlen. Die geranienfeindliche Propaganda gab nun aber den Leuten

Der schöne Gesamteindruck hängt nicht allein von den Gewächsen ab. Die baulichen Elemente sind ebenso wichtig. Der Wegbelag aus Natursteinen und die einfachen, massgeschneiderten hölzernen Spaliergerüste passen so selbstverständlich zum Gesamten, dass man sich gar nichts anderes vorstellen kann. Villa Flora, Winterthur ZH.

den Eindruck, sie müssten Kreativität entwickeln und Geranien seien passé. Der Geranienschmuck ist seither stark zurückgegangen, vielleicht erlebt er aber auch wieder einmal ein Comeback. Grotten sind ja auch lange Zeit völlig abgelehnt worden, werden jetzt aber im Ausland bereits wieder gewürdigt, restauriert oder sogar neu gebaut.

Bauerngärten

Wenn von Bauerngärten die Rede ist, denken die meisten Leute an Gärten voll bunter Blumen und schönem Gemüse sowie an zierliche, von Buchs eingefasste Beete. Die Gärten vor den behäbigen Häusern der alten Höfe im Kanton Bern sind zum Inbegriff des schweizerischen Bauerngartens geworden. Es wird dabei oft übersehen, dass sich in den verschiedenen Regionen der Schweiz unterschiedliche Typen von Bauerngärten entwickelt haben

Ein Bauerngarten muss nicht unbedingt gerade vor dem Haus liegen. Vor allem zur Zeit der Selbstversorgung wurden Bauerngärten auch oft an andern Stellen angelegt, dort wo die Boden- und Lichtverhältnisse am günstigsten waren. Vor allem in den Bergen konnte der Garten ein gutes Stück weg vom Haus auf einer gut besonnten Wiese liegen. Südtiroler Volkskundemuseum (Freilichtmuseum), Dietenheim, Südtirol, Italien.

Berner Bauerngarten mit besonders reichen, von Buchs eingefassten Blumenbeeten. Alchenstorf BE.

und dass es sich bei den bernischen Gärten, die heute oft nachgeahmt werden, fast ausschliesslich um die Anlagen einer besonders wohlhabenden Schicht von Bauern handelte, die sich an Vorbildern von herrschaftlichen Gärten orientierten. Der «Krautgarten», der seit dem 16. Jahrhundert in fast jeder Güterbeschreibung eines Bauernhofs erscheint, war zweifellos in den allermeisten Fällen bescheiden. Leider gibt es – und das gilt überall – nur wenige ältere Nachrichten über die Bauerngärten und noch weniger Abbildungen.

Ein weiteres Problem ist, dass es kaum mehr Bauerngärten gibt, deren Gestaltung und Bepflanzung nachweislich alter Tradition entspricht. In der Regel haben die Besitzer oder die von ihnen beigezogenen Gartenarchitekten beim Neueinrichten eines Gartens Elemente von

irgendeinem bernischen Vorbild übernommen, das sie für uralt hielten, obschon es das in Wirklichkeit auch nicht war. Viele der Berner Bauerngärten wurden nämlich in den 1920er Jahren auf Anleitung von volkskundlich Interessierten neu konzipiert und zum Teil auch mit historisierenden Elementen bereichert. Bedauerlich ist, dass durch diese Entwicklung einiges an Echtheit verloren gegangen ist. Es werden falsche und oft zu prächtige Vorstellungen von den einstigen Krautgärten vermittelt. Das wirkt sich auf die Wiederherstellung von vernachlässigten oder bereits verkommenen Gärten dieser Art schlecht aus. Die Einfachheit der Gestaltungen verleitet fälschlicherweise zur Annahme, es komme nicht so sehr auf Details an, aber gerade im einfachen Garten treten kleine Abweichungen vom Überlieferten oft besonders

In diesem Garten ist eine reizvolle Mischung von Einjahrsblumen, Rosen verschiedener Form und von Gemüsen zu sehen. Niederösch BE.

Der Gestalter mag im guten Glauben einen zum alten Riegelhaus passenden Garten geplant haben; entstanden ist aber nur eine leblose Karikatur eines Bauerngartens. Zürich, Foto Elisabeth Suter.

stark in Erscheinung. Sehen wir uns nur einmal die allgegenwärtigen Gärten und Gärtchen mit den von Buchshecken eingefassten Beeten an, die als traditionelle Gestaltungen gepriesen werden. Die Buchseinfassungen sind durchwegs zu hoch und breit und dominieren über die Hauptsache, nämlich die Pflanzen innerhalb. Zudem wirken die Wege zwischen den Beeten zu schmal. Würde man sich an das halten, was früher als gute Gestaltung mit eingefassten Beeten galt, könnten die Gärten viel interessanter sein. Nach dem Gartenbüchlein, das Pfarrer J.C. Sulzer in Pfungen im 18. Jahrhundert verfasst hat, durften die Einfassungen nicht mehr als drei Zoll hoch und breit sein, also nicht einmal acht Zentimeter. Sulzers Aussage wird durch Bilder aus dem 18. bis zum frühen 20. Jahrhundert bestätigt. Dazu kommt, dass Beeteinfassungen aus Buchs längst nicht in allen Gärten üblich waren und im Kanton Zürich fast nur in herrschaftlicheren Anlagen vorkamen. Aus dem Kanton Aargau wurde in den 1840er Jahren berichtet, dass in «den gewöhnlichen Gärten der Bürger», die Blumenbeete neben Buchs auch von Immergrün, Lavendel, «Nelkengras» *(Armeria alliacea)* «oder gar nur mit Radieschen» eingefasst waren. Auf dem Lande pflanzten viele Bäuerinnen noch immer Bohnen, Fenchel, Johannisbeeren, Kohlkräuter, Lilien, Mangold, Nelken, Rettich, Ringelblumen, Rosen, gelbe Rüben, Salat, Schnittlauch, Sellerie, Sonnenblumen und «dgl. bunt durcheinander auf umzäuntes wohlgepflegtes Land. Andere ahmen die Stadtgärtchen nach, theilen ihre Pflanzblätzchen auch in Betten, meistens in der Mitte, wo die Wege sich kreuzen. Das sieht schon viel besser aus

Dieser Garten vor einem ehemaligen Armenhaus von 1822 ist bei einer Aktion zu Wiedereinrichtung von Bauerngärten entstanden. Er entspricht aber gar nicht bäuerlicher Tradition. Tägerwilen TG.

Das Einfamilienhaus mit seiner Garagenrampe und dem daneben auf aufgeschütteten Gelände angelegten Garten zerstört den dörflichen Charakter des Quartiers.

und ist verständiger geordnet». Einfassungen von Buchs oder anderen Pflanzen, gab es also selbst in diesen neuartigen Bauerngärten damals noch nicht.

Über die Bauerngärten jener Zeit im Kanton Zürich besitzen wir keine so genauen Informationen. Die folgenden Zierpflanzen sollen in ihnen üblich gewesen sein: Geranien, Gläsli (Hyazinthen), Hänscheli (Primeln), Lavendel, Majoran, Meiennägeli (Goldlack), Narzisli, Nelken, Rosmarin, Schwertlilien, Strassburger (Levkojen), Tulipane und Rosen aller Art.

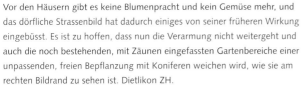

Vor den Häusern gibt es keine Blumenpracht und kein Gemüse mehr, und das dörfliche Strassenbild hat dadurch einiges von seiner früheren Wirkung eingebüsst. Es ist zu hoffen, dass nun die Verarmung nicht weitergeht und auch die noch bestehenden, mit Zäunen eingefassten Gartenbereiche einer unpassenden, freien Bepflanzung mit Koniferen weichen wird, wie sie am rechten Bildrand zu sehen ist. Dietlikon ZH.

In den Dörfern werden die alten Häuser immer häufiger in einer Weise zu Gemeindezentren und Firmensitzen aus- und umgebaut, bei der der lebendige Ausdruck, die «Geschichtssinnlichkeit», wie ein bekannter Architekt die Wirkung der Altersspuren genannt hat, weitgehend verloren geht. Eine bessere Umgebungsgestaltung ohne Pflasterung oder Teerbeläge bis zur Hauswand und die Wiedereinrichtung eines Gartens mit traditioneller Bepflanzung könnte dem sterilen Ausdruck entgegenwirken. Rafz ZH.

Der beliebte Uferweg im äusseren
Teil der Quaianlagen auf der rechten Seite des Zürichsees verdankt
sein malerisches Gepräge vor allem
den alten Bäumen. In diesem
Bereich wurde schon beim Bau
des Quais in den 1880er Jahren ein
«natürlicher» flacher Strand mit
Sand, Kies und Steinblöcken angelegt. Zürich-Riesbach.

Im Schatten der Bäume

«Vor allem liebe ich es, unter den ungeheuren Kastanienbäumen stehenzubleiben und zu verweilen, wenn sie im Hebst vergilbt sind. Wie viele Stunden habe ich schon in diesen geheimnisreichen grünen Grotten damit verbracht, über meinem Haupte die rauschenden Kaskaden von blassem Gold zu betrachten, wie sie Frische und Schatten spendeten in vollen Zügen ...»

Marcel Proust, Tage der Freuden, 1896

Im Schatten der Bäume zu sitzen oder zu spazieren ist wohl dann am vergnüglichsten, wenn die Sonne das Land durchflutet. Der Eintritt in die Kühle hat uns belebt und der Kontrast von Hell und Dunkel hat die Sinne gereizt. Die Gestalter, die Schattenpartien in einem Park angelegt haben, wussten, wie wichtig eine solche Abwechslung ist. Weitere Abwechslung bringen die verschiedenen Wuchs- und Schnittformen der Bäume und natürlich ihre unterschiedliche Farbe, von den zarteren Farbtönen im Frühling bis zur kräftigen Pracht im Herbst und zu dem dunkeln Geäst in der winterlichen Landschaft. Das knorrige, wilde Astwerk der Hängeulmen, die einst auf der Bürkliterrasse in Zürich standen, muss einen viel spannenderen Eindruck gemacht haben als die heutigen Kugelahorne. Es liess sich wegen der Ulmenkrankheit zwar nicht vermeiden, die alten Bäume zu fällen, man hätte aber einen besser geeigneten Ersatz suchen müssen und sich nicht mit billigen Allerweltsbäumen begnügen dürfen.

Es ist leider heute häufig festzustellen, dass eine alte Anlage viel von ihrer einstigen Schönheit verloren hat. Nicht immer können allein die Auswirkungen von Sparmassnahmen für die Einbussen verantwortlich gemacht werden. Von mehreren Winterthurer Villenpärken, die wir Conrad Löwe (1819–1870) verdanken, hat schon der bekannte Landschaftsarchitekt Evariste Mertens beklagt, dass «ihre meisterhafte Gestaltung ohne etwas dem Zufall zu überlassen, nachträglich von sich kundiger wähnenden Unwissenden ergänzt und verbessert, in Wirklichkeit aber verunstaltet worden» ist. Hat dieses Unwissen in jüngster Zeit nicht noch zugenommen? Sind es die mangelnden Kenntnisse, die dazu führen, dass heute der mit dem Wachstum der Bäume stets verbundene Wandel oft wie ein unvorhersehbarer Prozess dargestellt und der Romantik des wilden Wachstums gehuldigt wird?

Bäume werden im Allgemeinen hoch geschätzt. Es tut weh, wenn ein Baum umgehauen werden muss, und rasch erhebt sich Protest gegen Fällaktionen. Dank den Bäumen ist manches Stück Garten oder Park vor Überbauung verschont und in manchem Hof und mancher Strasse wenigstens etwas Grün erhalten geblieben. Wie wichtig Bäume als Akzent und für die Einbettung von Bauwerken in die Siedlungslandschaft sein können, haben die Begründer des Heimatschutzes schon zu Beginn des letzten Jahrhunderts erkannt. Der Architekt und Heimatschützer Robert Rittmeyer hat dann später diesem Thema auch eine Broschüre mit einer Sammlung von Bildern als anregendes Anschauungsmaterial gewidmet.

Doch der Eifer, mit dem heute immer wieder Unternehmungen zur Rettung von Bäumen unternommen

Auch wenn das Laub gefallen ist, haben Bäume einen hohen Reiz, vor allem dann, wenn die Gestalter eine interessante, zum Ort passende Wahl zu treffen wussten. Diese Hängeulmen auf der Bürkliterrasse in Zürich, sind in jüngerer Zeit leider der Ulmenkrankheit erlegen. Mit dem kostengünstigen Ersatz durch Kugelahorne ist die Gestaltung gehaltloser geworden. Foto um 1900, BAZ.

werden, ist leider dem Verständnis für die gartenkünstlerischen Qualitäten eines Parks oft eher hinderlich als fördernd. Der Blick wird in der Regel allzu einseitig auf die Bäume gerichtet, und es fehlt die Einsicht, dass die Kunst der Gartengestaltung darin besteht, Räume zu schaffen und nicht Räume zu füllen. Das Missverständnis wegen der Bäume ist einer der gewichtigsten Gründe dafür, dass so viele schutzwürdige Garten- und Parkanlagen verloren gehen. Beim Ringen um den Schutz akzeptieren selbst Leute, die es aufgrund ihrer Ausbildung besser wissen müssten, immer wieder den verhängnisvollen Kompromiss, nur einige Baumgruppen oder wenigstens einen stattlichen Baum als das vermeintlich allein Wesentliche zu erhalten und die offenen Flächen zur Überbauung freizugeben.

Alleen

Baumalleen entstanden aus praktischen Gründen. Für alle, die auf den Strassen unterwegs waren, zu Fuss, im Wagen oder auf dem Pferd, boten die Alleen angenehmen

In Zürcher Anlagen ist die stabile «Landibank», die für die Landesausstellung 1939 entworfen worden ist, fast zu häufig anzutreffen (oben links). In historischem Kontext wirkt sie heute auch oft etwas befremdlich. Moderne Bänke wären meistens vorzuziehen, aber natürlich nicht über ein Dutzend aufdringlich rote «Holzsofas» (oben rechts), wie sie ein Planungsbüro für den spätbarocken Rechberggarten vorgeschlagen hat. Ganzmetallbänke sind in der kalten Jahreszeit nicht so angenehm und das abgebildete Modell für ältere Leute etwas zu niedrig (mitte links). Eine steinerne Bank (mitte rechts) ist eher ein Gestaltungselement als ein zum Ausruhen geeigneter Sitzplatz. Mehr Komfort bieten manche historischen Bänke, aber schlechte Nachahmungen und besonders die leider immer wieder auftauchenden Nostalgiefabrikate (unten links und rechts) sollten vermieden werden.

Platanenalleen führten früher zu manchem Landsitz, sind aber dann oft neuen Strassen oder Umfahrungen zum Opfer gefallen. Schloss Coppet VD, Foto: Herkunft unbekannt.

Schatten. Die Baumpflanzungen waren auch willkommen, weil sie mit ihrem Wurzelwerk die Wegränder befestigten. In den Niederlanden begann man aus diesem Grund schon sehr früh Baumreihen auf Dämme und entlang von Kanälen zu pflanzen. Es wurden vor allem Ulmen und Eichen dazu gewählt. Der Begriff Boulevard leitet sich vom holländischen Wort «Bollwerk» ab.

Bis ins frühe 19. Jahrhundert wurden in der Schweiz und ihren Nachbarländern vor allem Obstbäume für die Alleen gewählt. Die breitkronigen und dicht belaubten Bäume gewährten etwas Schutz vor Sonne, Regen und Wind und waren willkommene Markierungen über den Verlauf der Fahrspur bei schlechter Sicht. Die Obstbäume hatten den Vorteil, dass sie gegenüber anderen, höheren

Bäumen nicht viel Schatten auf die umliegenden Äcker warfen. Die zu Fuss Reisenden freuten sich natürlich auch über die Früchte. Von den Bäumen an den Strassen von Mailand nach Genf wird zu Beginn des 19. Jahrhunderts berichtet, sie seien im Herbst so reich mit Nüssen und Äpfeln beladen gewesen, dass sich der Arme, der von der einen zur anderen Stadt wanderte, fast allein von ihnen ernähren konnte. Ein Nachteil der Alleen, der zu Klagen führte, war, dass die von den Bäumen beschatteten Strassen nach Regengüssen zu lange nass und, da es sich weitgehend um Naturstrassen handelte, morastig blieben. Die Baumwurzeln sorgten oft für Ärger der Fuhrleute, und die Bauern störten die Zweige, die den Heufuhren hinderlich waren.

Die einstigen, mit Obstbäumen bepflanzten Landstrassen haben nicht immer einen einheitlichen und schönen Eindruck gemacht. Die Abstände zwischen den Bäumen waren unregelmässig, es gab Lücken und die Grösse der Bäume variierte. Eine Vermehrung und bessere Pflege der Obstbaumpflanzungen an den Strassen wurde im 18. Jahrhundert vor allem im Kanton Bern angestrebt, weniger in den nordöstlicheren Teilen der Schweiz. Dies spiegelt auch die allgemeinen Verhältnisse im Strassenbau. Bern trieb schon nach 1740 den Kunststrassenbau voran. Ein ausländischer Schöngeist meinte von den dortigen Alleen, dass man «unter ihrer lieblichen Dämmerung mit den süssten Empfindungen dahin» reist.

Heute sind Obstbaumalleen recht selten. In Zürich steht eine besuchenswerte, schöne Birnbaumallee am Medikerweg und führt gegen eine grosse Blutbuche auf dem Höckler am Uetliberghang. Die Allee wurde in den Jahren des Zweiten Weltkriegs gesetzt.

«Wilde Bäume» für Alleen

Während der Barockzeit wurden manche der zu den Landhäusern und Schlössern führenden Strassen mit sorgfältig ausgewählten «wilden» Bäumchen bepflanzt, die dann zu viel stattlicher Grösse als die Obstbäume heranwuchsen. Es entstanden mit der Zeit eindrucksvolle Alleen, gelegentlich wahre Prachtsgebilde, die über Jahrhunderte eine Landschaft prägten. Ein Beispiel in der Schweiz, das immer wieder die Aufmerksamkeit auf sich gezogen hat, sind die drei Alleen beim Schloss Hauteville in St. Légier obVevey. Die eine ist mit Platanen und die zwei anderen mit Linden bepflanzt. Beide Lindenalleen sind vierzeilig, die eine, die leider von einem Kilometer auf ein Stück von rund 200 Metern Länge verkürzt worden ist, stellt den Typ der üblichen, sogenannten geschlossenen Allee dar, die andere ist eine

«offene» Allee, das heisst, es gibt einen Rasenteppich zwischen den Baumreihen. Die Alleen der Herrschaft Colombier NE entstanden auf eine sehr ungewöhnliche Weise. Henri II. d'Orléans-Longueville erliess 1657 Colombier grosse Schulden unter der Bedingung, dass die Bewohner des Ortes dafür die Alleen pflanzen und immerfort pflegen würden, die er bei seinem Schloss und längs dem Neuenburgersee plante. Sein Gärtner Pasquier Guérin und dessen Gehilfe setzten dann im folgenden Jahr fünf Alleen mit Eichen, Eschen, Linden, Pappeln und Ulmen.

Zu vielen zürcherischen Landsitzen gehörte im 18. Jahrhundert eine Allee von Linden, Platanen, Rosskastanien oder Obstbäumen. Sie führte von der Landstrasse zum Haus, vom Hofareal zu einem Aussichtspunkt oder diente zur perspektivischen Verlängerung des Gartens. In der ersten Hälfte des 19. Jahrhunderts wurden neuere Baumarten, wie Robinien, Säulenpappeln, Trauerweiden und gelegentlich auch Goldregen für die Anlage von Alleen verwendet, wobei die Rosskastanien nach wie vor sehr beliebt blieben. Die Jäger legten Wert auf Rosskastanienbäume, weil die Rehe ihre Früchte gerne fressen. Der Bevölkerungszuwachs und als Folge davon die Überbauung des Umschwungs von Schlössern und Landsitzen führte im Laufe des Jahrhunderts allerdings dazu, dass vielen Alleen kein langes Leben mehr vergönnt war. Eine kurze, Allee von Rosskastanien führt aber immer noch zum Schloss Elgg.

Im frühen 19. Jahrhundert begann man vor allem die Säulenpappeln längs den Landstrassen zu pflanzen, was manche Leute mit der angeblichen Vorliebe von Napoleon I. für diesen Baum erklären. Der wahre Grund der Verbreitung war aber doch wohl, dass in vielen Gebieten erst in dieser Zeit richtige Chausseen mit seitlichen Strassengräben gebaut wurden und sich die Pappeln als Bepflanzung am Rand recht gut eigneten. Allmählich fanden dann auch die anderen «wilden» Baumarten Verwendung. Bei ausgesprochenen Freunden des Landschaftsgartenstils waren die geraden Linien von gleichen Bäumen aber gar nicht beliebt, und sie regten an, wenigstens verschiedene Arten nebeneinander zu pflanzen, der Vorschlag hatte allerdings wenig Erfolg.

Mit dem zunehmenden Autoverkehr sind die Alleepflanzungen ab den 1950er Jahren stark zurückgegangen und alte Allen wurden aufgehoben. Die vom Fonds Landschaft Schweiz im Jahr 2006 lancierte und auch vom Schweizer Heimatschutz unterstützte Aktion, neue Baumalleen zu pflanzen, ist deshalb sehr zu begrüssen. Alleen sind ein sehr wichtiges Element der Landschaftsgestaltung. Eine Allee kann in einer eintönigen Ebene eindrückliche Wirkungen erzeugen und öde Industriequartiere beleben.

Promenaden

Die öffentlichen Promenaden der Städte sind zum grössten Teil erst nach der Mitte des 18. Jahrhunderts entstanden. Sie waren meistens mit Linden bepflanzt. In den zwei, drei oder vier Reihen von Bäumen gab es in der Regel Sitzbänke, Lauben oder Pavillons zum längeren Verweilen. Auf der «Hohen Promenade» in Zürich war zum Beispiel eine mit Geissblatt überwachsene Laube eingerichtet worden, von der sich eine wundervolle Aussicht auf den Zürichsee öffnete.

Die Schleifung nicht mehr benötigter Befestigungswerke gab im 19. Jahrhundert vielerorts in Europa die willkommene Möglichkeit, einen Ring von Alleen oder Parkanlagen um den alten Kern der Stadt anzulegen. In der zweiten Hälfte des Jahrhunderts wurden auch sonst

Was wäre die Zürcher Bahnhofstrasse ohne ihre Linden? Nicht einmal die Zürcher würden es noch wagen, von einer der schönsten Ladenstrassen zu sprechen.

viele der bedeutenderen neuen Strassen mit Alleen ausgestattet. In Zürich hatte man die Beseitigung der barocken Schanzen nach 1833 nicht für einen richtigen grünen Ring genutzt, aber schon vor der Jahrhundertmitte entstandene grosse Neubauten, wie das vornehme Hotel «Baur en Ville», der Posthof und der erste Bahnhof liessen den Ruf nach einer Strasse laut werden, die diese Zentren in der linksufrigen Stadt besser erschloss und verband. 1862 wurde die jetzige Bahnhofstrasse mit beidseitiger Lindenbepflanzung projektiert und mit dem Bau begonnen. Für die Linienführung hatte sich der noch immer bestehende Stadtgraben, der «Fröschengraben», angeboten, der nun aufgefüllt wurde. Weil auf der Aussenseite der neuen Alleestrasse viele alte Privathäuser standen, ging es dann aber noch längere Zeit, bis sie zur richtigen Geschäftsstrasse wurde. Erst in der ersten Nachkriegszeit entdeckten die ausländischen Gäste Zürichs ihre Schönheit

Für die «Luxusreisenden» aus dem Norden war der Besuch im südlich warmen Lugano mit seiner Quaianlage, wo die vielen Palmen standen, ein Höhepunkt ihres Aufenthalts in der Schweiz. Lugano TI, Ansichtskarte, Privatbesitz.

Ausschnitt eines Vogelschaubilds der Quaianlagen von Zürich, das zur Einweihung des grossen Werks im Juli 1887 gedruckt worden ist. Die ersten Pläne für die Quaianlagen entstanden in den 1870er Jahren. Sie wurden angefertigt, um ein Projekt einer Eisenbahnlinie abzuwehren, die dem Ufer entlang führen sollte und die Stadt vom See abgeschnitten hätte. Heute sind es die ausserordentlich stark befahrenen Strassen gleich hinter den Promenaden, die besonders im innern Bereich des ganzen Bogens eine bedeutende Qualitätseinbusse bewirken.

und begründeten ihren Ruhm. Die Linden prägen noch immer den Charakter der Bahnhofstrasse und sorgen in der heissen Jahreszeit für angenehmen Schatten. Von den ursprünglich gepflanzten Bäumen hat sich allerdings nur eine vom zuständigen Landschaftsarchitekten Theodor Fröbel vorgeschlagene eigene Züchtung von Silberlinden bewährt. Als ausgezeichneter Dendrologe sah Fröbel voraus, dass andere Linden im ungünstigen Stadtklima die Blätter schon im August verlieren würden. Trotzdem entschloss sich die Stadtverwaltung – wohl aus Kostengründen – auch viele Sommerlinden zu verwenden. Als sich dann in den 1890er Jahren die Befürchtung Fröbels als richtig erwies und die Allee jeweils im Spätsommer ein jämmerliches Bild bot, begann man Bäume zu ersetzen, aber wählte dazu wiederum nicht Fröbels Züchtung, sondern Linden nordamerikanischer Herkunft.

Ab den 1850er Jahren wurden die Uferpromenaden sehr beliebt, und bis zum Ende des Jahrhunderts richtete fast jeder Fremdenverkehrsort an einem Schweizersee eine solche ein. Es handelte sich in der Regel um zwei bis vier Baumreihen, oft mit Rasen- und Blumenbeeten dazwischen. Nach dem Bau des Hotels Schweizerhof um 1845 wurde in Luzern auf dem gleichnamigen Quai

Die Birkenreihen längs der Schüss in Biel sind ein beredtes Beispiel der wohltuenden Wirkung städtischer Baumpflanzungen. Die Bäume sind keine Raritäten, und die umliegenden Häuser gehören nicht zu den Spitzenleistungen der Architektur, aber hier ist doch besser zu wohnen als an vielen andern Strassen. Unterer Quai, Biel BE.

schon bald eine Allee angelegt und in Montreux am Genfersee die erste kurze Strecke der Uferpromenade schon 1856 mit Weiden und verschiedenen Zedern bepflanzt. In den Städten baute man die Seepromenaden meistens zu etwas grösseren Anlagen aus. In Zug wurden seit den 1850er Jahren Pläne für eine Uferpromenade verfolgt «um den Fremdenverkehr herbeizuziehen» und sich so eine Zukunft zu sichern. Ein südlicher Teil kam dann im folgenden Jahrzehnt zur Ausführung, die restlichen Quaianlagen konnten aber erst viel später in Angriff genommen und nach einem katastrophalen Seeuferabbruch bis 1891 fertig gestellt werden. In Zürich entstanden in den 1880er Jahren auf neu aufgeschüttetem Land Quaianlagen, die sich auf beiden Seeseiten

weit hinauf erstrecken. Der Quai d'Ouchy in Lausanne wurde anstelle eines früheren Uferwegs zwischen 1896 und 1901 gebaut und für diese monumentale Anlage wie früher in Zug und Zürich eine Landaufschüttung vorgenommen.

Gesund und ästhetisch

Mit der rasanten baulichen Entwicklung in dieser Zeit und dem Ausgreifen der Städte in die Vororte begann die theoretische Erörterung der städtebaulichen Bedeutung von Baumpflanzungen auf Plätzen und längs Strassen. Sie setzte sich dann noch bis ins nächste Jahrhundert fort. Sowohl die Förderung gesunder Verhältnisse als auch die Ästhetik der Bäume in Verkehrs- und Wohnstrassen wur-

Ein freundlicher Empfang mit Blumen, der dem aufmerksamen Beobachter doch zu denken gibt. Sind die Blumen zwischen Verkehrsanlagen nicht wie ein üppiger Strauss, mit dem ein Mangel entschuldigt werden soll, und die Fahnen nicht wie die Blumen beleidigende Sticker, mit denen das Bouquet aufgemotzt wurde? Wäre für Plätze nicht eine Grüngestaltung zu fordern, die den gesamten Freiraum umfasst, und wären Bäume und Sträucher dafür nicht geeigneter als aufwändige Blumenbeete?

Wo mehr Platz zur Verfügung steht und die Leute Zeit haben, die Gestaltung richtig zu betrachten, macht eine Bepflanzung von Verkehrsinseln mehr Sinn und – besonders wenn sie noch eine Originalität wie im Bild zeigt – auch mehr Freude. Unser Beispiel musste allerdings schon längst einer weiteren Fahrspur weichen. Bürkliplatz, Zürich.

de erörtert. Man verglich die Wirkung von verschiedenen Baumarten, die Arten des Schneidens, verschiedene Abstände von Baum zu Baum und anderes mehr. In den meisten Städten kamen die an sich wertvollen Ideen, die daraus entwickelt wurden, aber nur in recht begrenztem Ausmass zum Tragen.

Das Pflanzen und Pflegen der Bäume auf Strassen und Plätzen war in den Stadtgemeinden eine Aufgabe von Gartenbauämtern geworden, eine engere Zusammenarbeit mit den Stadtplanern blieb jedoch in den meisten Fällen aus. Es entstanden zwar gut begrünte Strassen, aber wenig wirklich hochwertige Gestaltungen. Die ästhetischen Ziele der Theoretiker um die Wende vom 19. zum 20. Jahrhundert wurden selten erreicht.

Allzu oft begegnen wir heute etwas langweilig, hauptsächlich mit Zierkirschen, Kugelahornen und Robinien bepflanzten Strassen.

Gärten für viele Gäste

Kuranlagen und Hotelpärke

In den berühmten Heilbädern Europas wie Spa und Bad Pyrmont machte sich schon im 18. Jahrhunderts der neue Geist der Naturverherrlichung bemerkbar. Bei den Kurhäusern entstanden Promenaden und Parkanlagen, deren Gestaltung sich den Landschaftsgärten näherte und die deshalb von den vornehmen Kurgästen, unter denen es

54

Die einst viel bewunderten Parkanlagen um die Grandhotels von Bad Ragaz haben in den letzten Jahren viel von ihrer alten Substanz verloren, die stimmungsvollen Golfanlagen tragen aber noch immer sehr viel zur Schönheit des Orts bei. Bad Ragaz SG.

auch gute Kenner der neuen Ideen über Gartenkunst gab, kritisch gewürdigt wurden. Demgegenüber hatte man in schweizerischen Kurorten wie Baden und Yverdon noch im frühen 19. Jahrhundert einfache Spazierwege mit etwas Bäumen angelegt. Nicht nur in den Kurorten, sondern fast überall gab es damals nur recht bescheidene, vielerorts sogar nur schlechte Gasthäuser. Nach «Murray's Handbook for Travellers in Switzerland» von 1838 waren zum Beispiel die Gasthöfe von Zürich – der Begriff Hotel war noch nicht gebräuchlich – «*notoriously dirty, high priced and ill attended*». Der Autor tröstete seine Leser aber damit, dass das bisherige Monopol, der Grund und die Wurzel der unerfreulichen Zustände, nun aufgehoben sei und dass man jetzt neue Gasthäuser baue.

Das war kein leeres Versprechen, denn im gleichen Jahr, in dem Murray's Reiseführer herauskam, wurde in Zürich das vornehme Hotel «Baur en Ville» eröffnet, und schon 1842 warb dieses Etablissement damit, dass die Gäste auf seinem Flachdach mit Belvedere spazieren, frühstücken, Tee trinken und die Aussicht geniessen können: «*Without trouble, inconveniency, or danger, they enjoy on every points the most delightful view upon the lake and the chain of the Alps*». Das Englisch der Hotelleitung war ein bisschen holperig, aber was tat's, ein Dachrestaurant mit einer solchen Aussicht konnte kein anderes Hotel in der Schweiz anbieten. Aber der unternehmerische Besitzer hatte schon sein nächstes grosses Projekt in Angriff genommen, nämlich den Bau des Hotels «Baur au Lac» mit

Die im Landschaftsgartenstil gestaltete Anlage des 1844 erbauten Hotels «Baur au Lac» in Zürich stiess ursprünglich wie auch der Garten der dahinter sichtbaren, ein Jahr früher erbauten Villa Rosau ans Seeufer. Aquarell aus Kreis um J.H. Bleuer um 1850, BAZ.

Der vordere Teil wurde später im Architekturgartenstil neu angelegt. Die Bäume der früheren Gestaltungsphasen hatten die vorgesehene Grösse erreicht und verdeckten wie geplant einen Teil der Fassade, was den Garten tiefer erscheinen lässt, als er ist. Foto um 1820/30, BAZ.

Von Tischen im Freien und einem Restaurantvorbau bietet sich noch immer ein schöner Blick in den grossen Garten, und beim Umherspazieren sieht man sogar über die Strasse hinweg auf den Zürichsee; der Passant hingegen nimmt von dieser grünen Insel hinter der Umfriedung mit Zaun und Hecke fast nur die hohen Bäume wahr.

GRAND HOTEL BAUR AU LAC ZURICH

Beim Bau der Quaianlagen wurde Land angeschüttet und vor dem Garten des Hotels die Strasse, das heutige General-Guisan-Quai, angelegt. Überdachte Laubengänge und offene Pavillons vor dem Haus erlaubten es, im Freien zu essen, was um die Jahrhundertwende sehr beliebt wurde. Ansichtskarte um 1908, Privatbesitz.

einem grossen Garten direkt am Zürichsee. Etwa zu gleicher Zeit hatte aber auch schon die Leitung des Hotels Bellevue für ihre Gäste bei der Dependance eine kleine Parkanlage einrichten lassen. Das Interesse der Hotelgäste, sich im Grünen entspannen zu können, wurde wahrgenommen. Als das «Baur en Ville» sein Belvedere wegen einer Aufstockung des Gebäudes aufgab, erhielten die dort logierenden Gäste «Zutritt zu dem Baur'schen Garten beim Hotel Baur au Lac». Dieser schöne Landschaftsgarten blieb dann bis zum Ersten Weltkrieg eine der gärtnerischen Sehenswürdigkeiten von Zürich, die selbst bei Fachleuten aus dem Ausland Interesse fand.

Pärke mit Aussicht

Für die neuen Hotels, die in der zweiten Hälfte des 19. Jahrhunderts rasch zunahmen, da nun dank der Eisenbahnen immer mehr Reisende den Weg in die Schweiz fanden, wurde nach Möglichkeit eine Lage gewählt, die es den Gästen erlaubte, eine Aussicht auf einen See oder in die Berge zu geniessen. Ein hoteleigener Garten war ebenso wesentlich und ein direkter Seeanstoss oder die Lage des Gartens an der Uferpromenade einer Stadt steigerte den Wert des Etablissements. Die Hotelgärten und die öffentlichen Anlagen ergänzten sich gegenseitig, und der See verlieh ihnen eine Weite, für die zu erzielen kein Land zur Verfügung gestanden hätte. Die üppig ausgestatteten Hotelgärten gaben auch nicht so reich bepflanzten öffentlichen Promenaden einen etwas vornehmeren Charakter. Der überall verbreitete Name «Hotel au Lac» ist eine Erinnerung an die Zeit, als vor allem die ausländischen Gäste die Schönheit der Schweizer Seen mit den sich dahinter auftürmenden Bergen ent-

Trotz der Hanglage hat der Gartenarchitekt keine Treppen angelegt,
sondern nur breite Wege zum
Seeufer hinuntergeführt. Treppen
waren bei den Gestaltern, die im
Landschaftsgartenstil arbeiteten,
verpönt. Die vielen Sträucher, die
ungewöhnlicherweise auch zum
Einfassen der Wege gepflanzt
wurden, brachten Abwechslung in
den grossen Teil der Anlage vor
dem Hotel, wo man offensichtlich
keine Bäume setzen wollte, um
den freien Ausblick auf den See zu
bewahren. Hotel Beau-Rivage,
Ouchy VD, Lithografie von
Ch. Mercerau nach J.J. Friedrich,
nach 1860.

Der «Rigiblick» am Zürichberg war
ein beliebtes Ausflugsrestaurant
und der vorgelagerte, von den Firma Gebrüder Mertens konzipierte
Garten entsprechend gross. Die
Gartenanlage ging über viele Jahrzehnte schrittweise verloren.
Heute empfängt eine Einfahrt zu
einer unterirdischen Garage die
Besucher. Zürich-Oberstrass. Ansichtskarte um 1910, Privatbesitz.

deckten. Als in Zürich um 1906 das Hotel Eden au Lac geplant wurde, berichtete die Presse, dass über dem vierten Stockwerk eine Zinne als «Aussichtsgarten in amerikanischem Stil» eingerichtet werde. Man griff also die Idee von Johannes Baur auf, meinte aber auch dafür sorgen zu müssen, dass ein «hübscher Garten, der das Gebäude umrahmt, die Krone des Ganzen bilden» wird.

Das Hotel Central hatte keinen eigenen Garten, betrieb aber eine Terrassenwirtschaft an der Limmat, der die Platanenreihe am Flussufer die angenehm kühle, grüne Atmosphäre verlieh, und jede Pension, die es nur irgendwie konnte, warb in der zweiten Hälfte des 19. Jahrhunderts mit ihren «geschmackvollen Gartenanlagen», wo es Ruheplätze, Schattenplätze, grosse Blumenbeete und bequeme Gartenmöbel für gemütliche Teestunden gab. Die Qualität dieser Gartenanlagen war keineswegs nur von den in sie investierten finanziellen Mitteln abhängig. Ein interessierter und einsichtsvoller Besitzer konnte mit einer guten Pflanzenwahl und mit zur richtigen Zeit durchgeführten Pflegemassnahmen auch dann einen sehr ansprechenden Garten machen, wenn ihm nicht viel Geld dafür zur Verfügung stand.

Die Hotelanlagen an den Seen waren normalerweise noch in der Tradition der klassischen «englischen» Landschaftsgärten gestaltet. Gegen Ende des 19. Jahrhunderts suchten Kurgäste und Touristen aber vermehrt Ruhe, schöne Spazierwege in ländlicher Umgebung, Waldeinsamkeit oder das Erlebnis der Bergwelt. Ein dichteres Eisenbahnnetz, Seil- und Zahnradbahnen erleichterten nun die Reise in abgelegenere Landesteile. Es entstanden recht viele einfache Kurhäuser und Pensionen, in denen vor allem Leute aus dem Mittelstand des eigenen Landes Erholung suchten. Ferienaufenthalte machen zu können, war für sie etwas Neues. Die Anlagen der aufgesuchten Hotels, Pensionen und Bäder waren oft von bescheidener Art. Es genügte ein Stück Wald auszulichten oder einige neue Bäume auf der Wiese zu pflanzen und Wege hindurch zu legen. Abgesehen von einigen verschwenderischen Blumenbeeten fehlte in gekonnt modischer Art gestalteter Pflanzenschmuck.

Für ein anspruchsvolleres Publikum genügte das natürlich nicht. Es wollte auf den gewohnten Komfort auch in den Bergen nicht verzichten und erwartete eine repräsentative Umgebung des Hotels mit Garten, gepflegte Spazierwege mit angenehmen Ruheplätzen und schönen Aussichtspunkten. Die Einrichtung eines dem damaligen Geschmack entsprechenden Hotelgartens war in höheren Lagen keine einfache Sache, auch wenn die Gäste sicher keinen Wert auf so exklusive Gestaltungen legten wie vor dem Grand Hôtel Schweizerhof in Luzern, wo um 1890 ein acht Meter hoher Eifelturm aus 20 000 Pflänzchen aufgebaut und während des ganzen Sommers gepflegt worden war. Von den beliebten exotischen Gewächsen hätten nur einige Koniferen das Klima ertragen, aber sie wären auf den meist kargen Böden nur sehr langsam gewachsen. Zudem gab es in den höheren Lagen mit den Fichten-, Tannen- und Lärchenwäldern schon Nadelbäume genug. Am besten war es, Bäume aus einem schon vorhandenen Bestand mit in die Anlage einzubeziehen. Wo es sich vorwiegend um Fichten und Tannen handelte, musste versucht werden, dem Garten oder Park durch ergänzende Bepflanzung mit Laubbäumen ein weniger düsteres und lebhafteres Aussehen zu geben. Auch im alpinen Gebiet war es natürlich möglich, reiche Blumenbeete, Seerosenteiche, Springbrunnen und künstliche Bächlein anzulegen. Daneben gab es selbstverständlich Anlagen mit Bergblumen. Der Gartenschmuck bei den besseren Hotels in den grossen Alpentälern war nach dem Zeugnis eines deutschen Gartenfachmanns, der damals die Schweiz besuchte, sehr luxuriös.

Im frühen 20. Jahrhundert gerieten die Hotelgärten mit ihren üppig bepflanzten Beeten unter Beschuss der jüngeren Gartenarchitekten. In der «Schweizer Hotelrevue» von 1912 kritisierte der damals 27-jährige Gustav Ammann die Anlagen mit den Worten: « ... riesige Hügel mit Teppichbeeten besetzt, Spielereien – ich erinnere an die Pflanzenuhr in Interlaken – sollen zur Bewunderung reizen?! Wie hässlich sieht es da doch aus!» Ammanns Hinweise auf die «Unkultur», die sich in den Hotelgärten dieser Art manifestiere, haben vielleicht da und dort zu Vereinfachungen, aber kaum zur völligen Umgestaltung von ganzen Hotelpärken geführt. Das Publikum schätzte die bisherigen, lauschigen Anlagen mit ihren schönen Bäumen, und an Neuem waren die Hotelbesitzer in der Regel nur dann interessiert, wenn es den hohen Pflegeaufwand für die Gärten senkte. Ein Hotelgärtner aus Brissago hatte schon 1919, also gewissermassen noch zur guten alten Zeit bedauert, dass die «Hotelbesitzer und Direktoren das Gärtnerhandwerk nicht genügend kennen, das heisst nicht genügend achten». Für Anbauten, Tennisplätze und andere neue Einrichtungen wurden die alten hoteleigenen Obst-, Blumen- und Gemüsegärten ohne grosse Bedenken geopfert und dann bald auch weitere Grünflächen. Es brauchte Platz für Garagen und bei den grossen Hotels schliesslich auch für Swimming-Pools.

Historische Hotels – historische Gärten

Nun scheint aber doch an manchen Orten, wo es noch richtige Hotelgärten gibt, ein Umdenken stattgefunden zu haben. Dies ist wohl dem Erfolg zuzuschreiben, den zu Hotels umgebaute Schlösser mit Pärken bei den Ferienreisenden hatten. Die Umwandlung von Schlössern in Hotels war in England aus finanziellen Gründen für viele Besitzer bereits in den 1960er Jahren eine Notwendigkeit geworden. Manche Gäste lernten

dort zum ersten Mal die wohltuende Ruhe und Schönheit eines Parks kennen und freuten sich dann, wenn sie auch auf anderen Reisen Hotels mit einem schönen grossen Garten und prächtigen Bäumen fanden. Zum Wert alter Hotelgärten trägt bei, dass heute für grössere, neue Anlagen kaum mehr irgendwo Platz vorhanden ist. Zudem schätzt das Publikum die besondere Atmosphäre von historischen Anlagen. Einige Hotels, vor allem im Ausland, haben deshalb ihre Gartenanlagen wieder instand stellen lassen, allerdings meistens nicht ohne auf einige pseudohistorische Zutaten zu verzichten. Seit einiger Zeit gibt es auch Hotels mit eigenen Nutzgärten, in denen das ausgesuchte Gemüse und die besonders aromatischen Kräuter für ihre Starköche gezogen werden.

Dem seit einigen Jahren neu erwachten Interesse für historische Hotels ist es zu verdanken, dass jetzt mancher Bau der Jahrhundertwende nicht mehr abgebrochen, sondern restauriert und manche pompöse Eingangspartie mit Treppen und alter Zufahrt wieder hergestellt wird. Hoffentlich wächst nun ebenfalls die Einsicht, dass dies nur eine halbe Sache ist, wenn nicht auch das passende Grün gepflanzt und für den richtigen Blumenschmuck gesorgt wird. Es gibt wohl kaum einen Bereich in und um ein Hotel, wo man so trefflich eine Atmosphäre wie vor 100 Jahren aufleben lassen kann, wie vor dem Haupteingang. Mit der entsprechenden Grüngestaltung lässt sich durchaus heute noch Staat machen, und das Ganze bringt keine Komforteinbussen für den Gast. Stilgerecht geschnittene, frischgrüne Lorbeer- und Buchspyramiden in Holzkübeln statt kümmerlicher, vergilbter Bambus in Kunststoffcontainern, Glyzinien oder andere Pflanzen, die wieder an den Fassaden emporklettern dürfen und vielleicht einige alte Rosen, wären vielerorts eine grosse Verbesserung. Mit Hänge- und einjährigen Schlingpflan-

Das Ausflugsrestaurant und Kasino Tiefenbrunnen in Zürich hatte einen grossen, halbkreisförmigen Garten, der auf aufgeschüttetem Terrain konzipiert und mit Säulenpappeln bepflanzt war. Seit den riesigen weiteren Aufschüttungen in den 1880er Jahren liegt die Stelle des ehemaligen Gartens weit vom heutigen Ufer entfernt, bei der Abzweigung der Bad- von der Seefeldstrasse. Zürich-Riesbach, Lithografie von L. Widmer, BAZ.

zen, Ampel- und Vasenschmuck oder gar Palmen liesse sich die Vornehmheit noch steigern. Wo mehr als ein schmaler Vorgarten vor dem Etablissement liegt, könnte mit Teppichbeeten, rahmenden Laub- und Nadelgehölzen von verschiedener Farbe und Struktur sowie mit einer kurzen Allee eine Eleganz wie in der Belle Epoque hervorgerufen werden. Es schadet dabei nichts, wenn das Ganze nach unserem Geschmack etwas zu pomphaft oder gar ein wenig kitschig ausfällt, vorausgesetzt natür-

lich, dass es mit der gleichen Sorgfalt angelegt wird, wie zur Zeit, als das Hotel entstanden ist.

«Zur Linde» – das Grün der Wirtshäuser

Die Linde war der Zierbaum der alten Dörfer und Städte in weiten Teilen der Schweiz, und «Zur Linde» ist wohl auch heute noch der häufigste Wirtshausname in den deutschsprachigen Teilen des Landes. Nun ist es keineswegs so, dass die Linde, auf die der Name einer Wirtschaft

«Zum Augustiner» – jetzt «Strohhof» – war einer der ersten Biergärten in Zürich. Er war mit Platanen bestanden, den Bäumen, die im 19. Jahrhundert sehr oft für Wirtshausgärten in Höfen zwischen Häusern gewählt worden waren, da ihr Blätterdach leicht in die Breite gezogen werden konnte. Nach Lithografie von J. Lier 1860, Repro BAZ.

zurückzuführen ist, in ihrem Garten gestanden haben muss, viel eher handelte es sich um eine bekannte Linde in der Nähe, wahrscheinlich die Dorflinde, denn eine solche gab es fast in jedem Dorf. Meistens wurden Sommerlinden *(Tilia platyphyllos)* gepflanzt, von denen Setzlinge in den Wäldern ausgegraben werden konnten. Die Sommerlinde war auch beliebt, da sie viele gute Eigenschaften hat: Sie hat eine robuste Gesundheit, gibt einen gleichmässig dichten, aber nicht zu dunklen Schatten, ihre Blüten duften gut und sie erreicht ein hohes Alter. Sie treibt relativ früh im Frühling aus und lässt im Herbst keine braunen, dürren Blätter über Monate an ihren Zweigen hängen wie die Eiche. Sie wächst auch schneller als diese und stellt weniger Ansprüche an die Beschaffenheit des Bodens.

Eine besondere Art von «Wirtshäusern» stellten die Lindenhütten der Zürcher Schützengesellschaft dar, die an den beiden Giebelseiten des Schützenhauses, etwa an der Stelle des jetzigen Bahnhofplatzes, standen. Sie wurden am 15. Februar 1571 versetzt, was wohl zu den frühesten denkmalpflegerischen Erhaltungsmassnahmen hierzulande gehört. Die Bäume wuchsen am neuen Standort tüchtig weiter und erfreuten noch mehrere Generationen von Zürchern. Lindenhütten, in denen fröhlich gezecht wurde, gab es auch in anderen Städten.

Eigentliche Wirtshausgärten entstanden aber erst im 19. Jahrhundert, als es in breiteren Schichten der Bevölkerung üblich wurde hie und da Spaziergänge und Wanderungen zu schönen Aussichtspunkten zu unternehmen. Mit einem Wirtshausgarten an schöner Lage konnten viele Ausflugsgäste angelockt werden. Einen solchen Garten hatte zum Beispiel der Wirt des Gast- und Gesellschaftshauses Tiefenbrunnen etwas ausserhalb von Zürich schon im frühen 19. Jahrhundert eingerichtet. Der Garten lag auf aufgeschüttetem Land, das halbrund in den See vorsprang. Zwei Pavillons und eine reiche Bepflanzung mit blühenden Sträuchern und Säulenpappeln machten ihn zu einem Ort, wo sich eine Gesellschaft nach dem Essen ergehen konnte. Einen kleinen Park zum Spazieren besass auch das 1843 erbaute und sehr beliebte Ausflugsrestaurant Steffansburg, eine knappe halbe Stunde weiter oben auf dem Burghölzlihügel.

Platanen im Wirtshausgarten

Zu den populären Wirtshausgärten, wo man auch einen Imbiss einnehmen konnte, kam es erst in der zweiten Jahrhunderthälfte, doch einen gelegentlichen Ausschank im Freien gab es natürlich schon lange vorher. Wichtig war lediglich das Blätterdach. Meistens wurden nur eine oder zwei Reihen von Bäumen gepflanzt und der Boden bekiest. Wo es der Raum erlaubte, wählten die Wirte meistens Linden oder andere einheimische Laubbäume, aber lieber Platanen, wenn nur gerade ein Hof oder eine Terrasse vor dem Haus beschattet werden sollte, denn sie konnten dank langen, biegsamen Ästen am leichtesten in die Breite gezogen und zu einem flachen Dach geschnitten werden. Sie blieben deshalb auch für lange Zeit sehr beliebte Wirtshausbäume. Die Äste von Platanen breiteten sich über die Zürcher Herren aus, die um die Mitte des 19. Jahrhunderts auf den Geschmack von Bier gekommen waren und gemütliche Stunden im Garten des «Strohhofs» oder der bayerischen Bierwirtschaft «Zum Pfauen» verbrachten. Der Biergarten des «Strohhofs» war entstanden, weil ein Brauer in der Liegenschaft eine Brauerei eingerichtet hatte.

Die Rosskastanienbäume tragen viel zur angenehmen Atmosphäre des Ausschanks vor dem Haus bei. Delsberg JU.

Gegen Ende des 19. Jahrhunderts stellte man fest, dass die Angestellten beim stundenlangen Schneiden der Platanen im Sommer oft Augen- und Schleimhautentzündungen sowie andere allergische Beschwerden bekamen. Untersuchungen schienen darauf hinzuweisen, dass die wollige Behaarung auf der Unterseite der Blätter dafür verantwortlich sei. Der Aufenthalt unter Platanen wurde als ungesund befunden, und man glaubte, dass lungenkranke oder sonst schwächliche Leute vor allem

Der Wirtshausgarten wird an warmen Tagen zwar noch immer gerne besucht, hat aber sehr wesentlich an Charakter verloren, seit er seiner Einfriedung beraubt und davor die unverständliche Platzterrasse ohne jede Rücksicht auf die vorhandene Situation gebaut worden ist. Zum alten Löwen, Zürich-Oberstrass.

im Frühsommer nicht unter Platanen sitzen dürften. Den Platanen waren aber auch die Verschönerungsvereine nicht gewogen. Gegen den Baum an sich hatten sie zwar nichts einzuwenden, aber die nach ihrer Ansicht mit Axt und Säge verstümmelten Exemplare verletzten ihr Empfinden. In Genf entfesselte der Verschönerungsverein einen besonders heftigen Sturm gegen die Platanen in der Stadt und verlangte, dass alle gefällt würden, da sie erbärmlich anzusehen seien. Das mag zugetroffen haben, denn für das regelmässige Schneiden – das Servitute wegen der Aussicht auf den See vorschrieben – konnten wohl nicht immer nur Fachleute beigezogen werden.

Rosskastanien für den Biergarten

Rosskastanien wurden in Bayern von den Brauern wegen ihres besonders dichten Laubdachs zur Beschattung ihrer Eiskeller gepflanzt. Später schenkten sie dort auch

Bier aus. Es entstanden die typischen Biergärten. In den schweizerischen Wirtshausgärten waren Rosskastanien anfänglich selten. Diese Bäume gaben zwar den erwähnten, guten Schatten und ertrugen das Schneiden gut, hatten aber den Nachteil, dass es im Herbst, wenn die stacheligen Früchte herunterfielen, ungemütlich war, unter ihnen zu sitzen. Erst als die gefüllt blühende Form (*Aesculus hippocastanum «Baumannii»*) eingeführt wurde, die keine Früchte trägt, verdrängten die Rosskastanien die früher gebräuchlichen Bäume. An diesen Vorgang erinnert zum Beispiel das Restaurant Platanenhof in Kleinbasel, in dessen Garten Rosskastanien stehen. Die Platanen dürften dort vor ungefähr hundert Jahren gefällt worden sein. Die Rosskastanien wurden dann auch in der Schweiz zum sehr häufigen Baum in den Gärten der Restaurants.

Zu den drei erwähnten, traditionellen Wirtshausbäumen hat sich in letzter Zeit der Kugelahorn gesellt. Er bil-

Familienhotel Glockenhof, Zürich. Hotelgarten

Das Hotel Glockenhof hatte einst ein Gartenrestaurant mit den zur Zeit des Architekturgartens beliebten, mit Schlingpflanzen überwachsenen Arkadenbogen. Zürich.

det eine dichte und relativ breite Krone, ohne dass man ihn schneiden muss, und ist billig. Bei einseitigem Lichteinfall, wie in Wirtshausgärten zwischen Häuserblöcken, wird die Krone allerdings halbseitig. Der Kugelahorn ist auch kein besonders schöner Baum, doch immer noch allen Sonnenschirmen vorzuziehen. Unter den Bäumen ist es einem wohler, man atmet leichter und selbst im überfüllten Garten an einem schönen Sommerabend scheint unter ihnen die Hektik gedämpft.

Die Gärten der Wirtschaften wurden oft mit einer Hecke und einem Zaun umschlossen, vor allem wenn sie an einer Strasse lagen. Diese Abschirmung gegen die Strasse konnte auch in den Städten den Gästen das angenehme Gefühl vermitteln, weit weg von den Geschäften des Alltags im Grünen zu sitzen. Natürlich blieb es nicht aus, dass sich die Wechsel der Stilarten auch beim Wirtshausgarten bemerkbar machten, allerdings aus Rücksicht auf die Vorlieben der Gäste nicht in gleichem Masse.

Die Architekturgartenbewegung brachte kunstvoll mit Schlingpflanzen berankte Bögen und Lauben aus Lattenwerk, die die einzelnen Tische oder Kompartimente überspannten. Diese Zierden bewährten sich aber auf die Länge nicht. Das Holzwerk unter dem Grün verlangte regelmässige Pflege, sonst zerfiel es bald, deshalb verschwanden die hübschen Lauben und Bögen bald, und man setzte wieder Bäume. Die Stämme der Bäume beanspruchten weniger Platz und behinderten das Personal beim Bedienen nicht so stark.

Der Wohngartenstil brachte Granitplatten als Belag, niedrige Mäuerchen, die den Garten gegen die Strasse abgrenzten und verschiedene Varianten von «Tessinerpergolas». In den Nachkriegsjahren waren es dann eher Pflanzen, vor allem die Bergkiefern und die kräftig rot blühenden Polyantharosen, mit denen die Restaurants bei der Einrichtung eines Gartens für den Eindruck von Modernität sorgten, später folgte die Welle der vielen Kleinkoniferen, die manchenorts noch immer anhält.

Der Garten der Quartierbeiz hatte früher gewiss eine grössere Bedeutung für die Anwohner als heute, wo viele Leute auch an einem Abend noch rasch mit dem Auto ins Grüne fahren können. Als kleine grüne Oase hat der Garten der Beiz – oder muss man schon sagen hätte er – aber noch immer eine Bedeutung. Wir meinen damit natürlich nicht die rasch mit etwas Grün in Betontrögen eingerichteten Aussenwirtschaften, obwohl auch sie manchmal ein paar wohltuende grüne oder bunte Tupfer in einen sonst grauen Hof oder auf den geteerten Vorplatz bringen.

Untersuchen und schützen

Inventare schützenswerter Gärten und Pärke

Historische Gärten sind ein Teil des Lebensumfelds, wo der Mensch besonders leicht Bekanntschaft mit der Vergangenheit schliesst. In alten Gärten stösst man nie auf eine völlig unbekannte Welt, sondern es gibt immer Vertrautes. An die Gärten der Heimat erinnert man sich gerne. Alte Gärten gehören zu den Denkmälern, die es den Menschen erleichtern, sich mit dem Ort, wo sie leben, verbunden zu fühlen. Ihre Erhaltung und Pflege müsste also ein ernstes Anliegen unserer Gesellschaft sein, doch selbst für wichtige Gartendenkmäler ist nur selten ein dauerhafter Schutz gewährleistet. Eine Unterschutzstellung kann freiwillig durch einen Vertrag des Gemeinwesens mit dem Eigentümer oder, was häufiger ist, durch eine Behörde verfügt werden. Es können auch Verordnungen zum Schutz von Objektgruppen, wie Reihen von Vorgärten, erlassen werden. Im Kanton Zürich hat bereits die von den Behörden beschlossene Aufnahme eines Kulturdenkmals, also zum Beispiel eines Gartens, in ein Inventar der schützenswerten Objekte eine gewisse Wirkung. Der Staat, die Gemeinden und Institutionen, die öffentliche Aufgaben erfüllen, sind verpflichtet, für die ungeschmälerte Erhaltung der in ihrem Eigentum stehenden inventarisierten Denkmäler zu sorgen. Ferner müssen die Behörden für alle andern Objekte der von ihnen gutgeheissenen Inventare dann eine Entscheidung über definitive Schutzmassnahmen oder die Entlassung treffen, wenn eine Beeinträchtigung oder Zerstörung droht. In der Regel sind dies Pläne für Um- oder Neubauten von Häusern, Garagen oder Parkplätzen. Gegen die Entlassung eines Objekts aus dem Inventar, das heisst also den Verzicht auf eine Erhaltung, gibt es Rekursmöglichkeiten. Dies gilt auch für die inventarisierten Denkmäler, die dem Staat oder einer Gemeinde gehören.

Gute rechtliche Möglichkeiten zum Schutz der Gärten sind im Kanton Zürich vorhanden, aber das genügt nicht. Es braucht die Einsicht des Volkes, dass es Wertvolles zum Erhalten gibt, und überzeugte Leute, die für die Durchführung der notwendigen Massnahmen sorgen. Nun sind aber die historischen Gärten weltweit erst in den letzten Jahrzehnten als ein wertvolles, kulturelles Erbe erkannt

Die Pflege dieses Parks, ein geschütztes Gartendenkmal, lässt zu wünschen übrig. Das Bild zeigt einen der sich besser präsentierenden Gartenräume und doch stimmt selbst hier vieles nicht. Auf der einen Seite des Brunnenbeckens gibt es Platten, auf der andern stösst die Grasfläche daran, was beides falsch ist. Die Bepflanzung verrät, dass Erneuerungen ohne rechte Überlegung vorgenommen worden sind. Der Efeu gehört nicht auf die Kiefer, und der Bambus steht zu nahe bei den andern Gewächsen. Der formgeschnittene Baum harmoniert nicht mit den sonstigen etwas zu wild und dicht wachsenden Bäumen und Sträuchern. Thalwil ZH.

Warum werden künstliche Ruinen in ausländischen Parks auf Kulturreisen mit Interesse bestaunt und dann zu Hause in der Schweiz wie eine lächerliche, peinliche Zutat sorgsam verschwiegen? Denken wir daran, dass sie ein interessantes Stück europäischer Geistesgeschichte vermitteln und einst nicht mit so tödlich langweiligem Ernst betrachtet wurden wie heute. Ruinentor aus der Zeit um 1900 im Park Dreilindenhöhe, Luzern.

Die Bäume und der Pavillon deuten auf einen wichtigen Park hin, im heutigen, nicht mehr richtig gepflegten Zustand ist die Bedeutung der Anlage aber nur schwer zu ermessen. Der Pavillon stammt von der Weltausstellung 1878 in Paris. Villa Bühlstein, Winterthur ZH.

worden, das dringend mehr Schutz braucht. Dies zeigt sich zum Beispiel an der kleinen Zahl von Gartendenkmälern, die von der UNESCO bisher zum Welterbe erklärt worden sind. Nur bei wenigen Prozenten von den über 600 in die Liste des Welterbes aufgenommenen Kulturdenkmälern handelt es sich um Gärten.

In der Schweiz wirkt sich vor allem nachteilig aus, dass die Gärten, Pärke und Anlagen im eigenen Land von der Bevölkerung zwar geschätzt, aber doch als dem unterlegen angesehen werden, was man im benachbarten Ausland sehen kann. Dazu kommt die schlechte Kenntnis davon, wo überall Gartendenkmäler zu finden sind. Während die Baudenkmäler in gewichtigen Publikationsreihen seit langem erfasst werden, gibt es für die Gartendenkmäler in ganz Europa verhältnismässig wenig und in der Schweiz überhaupt nichts Vergleichbares. Erst in den jüngeren Bänden der seit 1927 erscheinenden

Reihe «Die Kunstdenkmäler der Schweiz» wird die Entwicklung einzelner Gartenanlagen detailliert beschrieben, es handelt sich aber um keine Würdigungen aus gartenhistorischer Sicht, und es wird keine Übersicht über alle Gärten eines Gebiets vermittelt. Gleiches gilt für die Behandlung der Gärten in einzelnen Bänden der Reihe «Bauernhäuser der Schweiz» sowie für die zehn Bände «Inventar der neueren Schweizer Architektur».

ICOMOS ergriff 1970 die Initiative für eine Verbesserung und empfahl weltweit allen Ländern ihre historischen Gärten und Pärke zu inventarisieren. Das führte auch in der Schweiz zur Erarbeitung erster Inventare in verschiedenen Kantonen. Das Projekt blieb dann aber stecken, und erst 1995 wurde von ICOMOS Schweiz erneut die Initiative ergriffen, für alle Kantone Listen der möglicherweise schutzwürdigen Gärten ausarbeiten zu lassen. Das grosse Unternehmen, mit dessen Abschluss in rund fünf Jahren gerechnet wird, hat sehr zur Sensibilisierung verschiedener Kreise der Bevölkerung für den Wert von Gärten und Pärken beigetragen. Es sind da und dort bedeutende, aber in Vergessenheit geratene Anlagen, wieder entdeckt worden.

In den offiziellen, verbindlichen Inventaren der Kulturdenkmäler sind die historischen Gärten aber nach wie vor kaum vertreten, und entsprechend schlecht wird von den Behörden für ihre Erhaltung gesorgt. Auf Erkundigungen hin, warum in den Inventaren der Zürcher Gemeinden ausser der Stadt Zürich kaum Gartendenkmäler enthalten seien, hört man regelmässig die Erklärung, dass die Gärten doch fast immer zu einem schutzwürdigen Gebäude gehörten und damit auch geschützt seien. Dies zeigt die Scheu der verantwortlichen Behörden, sich eindeutig für den Schutz von wichtigen Gärten auszusprechen. Eine der sehr wenigen grossen und reich ausgestatten Gartenanlagen im Kanton Zürich ist zum Beispiel im

Barock oder Neubarock? Der Neubarock war ein Nebenzweig des Architekturgartenstils des frühen 20. Jahrhunderts und damit wie jener eine Weiterentwicklung des geometrischen Stils der auch während der Zeit der Landschaftsgärten nie ganz verschwunden war. Das dem Schlösschen La Poya vorgelagerte Parterre wurde vom Gartenarchitekten Adolf Vivell (1878–1959) konzipiert. Fribourg FR.

Die kleine Anlage beim Schloss Wildenstein ist mustergültig gepflegt, aber kein «französischer Garten», wie es in einem Gartenführer heisst, sondern eine historisierende, neuere Schöpfung. Es ist schade, wenn Gartenreisende durch eine Fremdenverkehrswerbung angelockt werden, die einzelne Gartengestaltungen mit allzu grossen Worten schildert. Enttäuschte Besucher fahren oft nicht mehr zu den weiteren, gepriesenen Anlagen. Bubendorf BL.

Die Gartenanlage des neuen Schlosses Zizers ist eine der vielen barockisie-
renden Anlagen aus dem frühen 20. Jahrhundert, die ursprünglich reicher
und feiner gegliedert war. Sie veranschaulicht, dass eine richtige Würdigung
dieser Gärten nicht möglich ist, wenn man einfach vom heutigen, in den
meisten Fällen vereinfachten Zustand ausgeht. Zizers GR.

Hier sind noch mehrere der ursprünglichen Elemente eines kleinen Wohngartens erhalten. Das Bassin, die Steinplatten und die asymmetrisch locker verteilten Trittplatten im Rasen sind charakteristisch für die Stilphase ab den 1930er Jahren, in der Ideen des Architekturgartenstils und des Landschaftsgartenstils verschmolzen. Zürich ZH, Foto Elisabeth Suter.

Unterschied zur darin stehenden Villa bisher in keinem behördlich genehmigten Inventar enthalten. Es stimmt zwar schon, dass zu einem Denkmal auch «die für seine Wirkung notwendige Umgebung» gehört, wie es im zürcherischen Planungs- und Baugesetz heisst, aber damit wird dieser Umgebung, also dem Park oder dem Garten, kein eigener Wert zuerkannt. Zudem braucht es nach dem Ermessen der Behörden erfahrungsgemäss merkwürdig wenig Umgebung für die Wirkung eines Denkmals. Da wird in der Regel nicht viel mehr verlangt als beispielsweise, dass die Hauptansicht des Gebäudes frei und allenfalls eine markante Baumgruppe daneben stehen bleibt.

Solange in den einzelnen Gemeinden keine eigenen Bestandesaufnahmen der Denkmäler mit guten Begründungen der Schutzwürdigkeit erfolgt sind, orientieren sich die Behörden und ihre beratenden Gremien erfahrungsgemäss einfach anhand von Büchern über die Geschichte des Dorfes oder von Stadtquartieren sowie einigen grösseren kulturgeschichtlichen Werken über ihre Region darüber, was wertvoll sein könnte. Dem Bauerngarten, den sie in keinem dieser Bücher gefunden haben, messen sie dann auch keine grosse Bedeutung zu. Die allgemein schlechte Kenntnis der historischen Gärten, die schon zu ihrer geringen Berücksichtigung in den Büchern geführt hat, wirkt sich also gleich nochmals negativ aus. Es ist deshalb für die Zukunft der schützenswerten Gärten entscheidend, dass nun wirklich überall Schutzinventare erarbeitet werden. Für die Planung entsprechender Projekte ist wichtig zu wissen, dass die erwähnten ICOMOS-Listen noch keine ins Gewicht fallende Vorleistung dazu darstellen. Eine Ausnahme bilden die Listen der Gebiete, in denen parallel zur ICOMOS-Erfassung breite Nachforschungen betrieben worden sind oder schon vorher gründliche Bestandesaufnahmen der Gärten stattgefunden haben. Es sollte verhütet werden, dass Behörden und Ämter oder Bauberater des Hei-

matschutzes glauben, sie hätten bereits eine gültige Liste von dem in den Händen, was aus fachlicher Sicht als schutzwürdig zu bezeichnen sei.

Welche Gärten sind schützenswert?

Die Inventarisierung von Gartendenkmälern verlangt fast ebenso viele Kenntnisse der Gartengeschichte, Gartengestaltung und der Pflanzen wie eine Studie in Hinblick auf eine definitive Unterschutzstellung einer Grünanlage. Da wie dort ist die Zusammenarbeit von Fachpersonen aus den verschiedenen Wissensgebieten gefragt. Da die Erarbeitung eines Inventars keine eingehenden Recherchen und keine lange Spurensuche im Garten erlaubt, ist es sehr wichtig, dass die Inventarisatoren aufgrund ihres Wissens und der Erfahrung rasch das Wesentliche erkennen und begründen können, warum sie ein Objekt als schutzwürdig erachten. Vielleicht ist es wegen des Ortsbilds eher angebracht, drei kleine nicht besonders typische Bauerngärten aufzunehmen, als einen etwas abseits gelegenen grossen. Die Aufnahme eines Hausgartens eines namhaften Gartenkünstlers aus den 1950er Jahren kann sinnvoller sein, als die des neu gepflanzten Rosengartens im alten Mauergeviert.

Die Umschau im Arbeitsgebiet muss durch Forschungen in den wichtigsten Archiven und Bibliotheken unterstützt werden, auch wenn diese natürlich nicht entfernt so weit getrieben werden kann, wie es unten für die Analyse eines einzelnen Gartens beschrieben wird. Hinweise aus Schrift und Bildquellen machen auf Objekte aufmerksam, denen man während der Arbeit im Gelände keine nähere Beachtung geschenkt oder die man gar nicht entdeckt hatte. Der Weg zur endgültigen Auswahl verläuft nie gerade. Gärten, die man bei der ersten Begehung als vermutlich schutzwürdig eingestuft hat, erweisen sich vielleicht dann, wenn der Überblick gewon-

Im alten Garten dürfen die Spuren der Zeit durchaus sichtbar sein. Die Platanen im Garten der Villa Lante werden mit grösster Sorgfalt am Leben erhalten. Sie gehören zur ursprünglichen Bepflanzung der traumhaften Anlage, die Kardinal Francesco Gambara ab den 1560er Jahren anlegen liess. Bagnaia, Italien.

nen ist, als doch nicht so wichtig. Findet man mehrere solche Fälle, ergeben sich unter Umständen Verschiebungen, die eine Neubeurteilung einer ganzen Gruppe und damit einen weiteren Rundgang durch ein Quartier verlangen.

Der Grundsatz, lieber ein Objekt zu viel als eines zu wenig, ist wohl richtig, aber nur so lange, als aus dem einen nicht sehr viele werden. Ein Inventar verliert seine Glaubwürdigkeit nicht nur, wenn festgestellt wird, dass manches bedeutendere Objekt fehlt, sondern auch, wenn sich eine grosse Zahl der Beurteilungen als fragwürdig erweist. Ein Inventar mit vielen drittrangigen Gärten birgt die Gefahr in sich, dass trotz drohender Zerstörung auf eine Unterschutzstellung einer wichtigen Anlage verzichtet wird, weil die Gemeinde vermeintlich noch reich an Gartendenkmälern ist. Um dem vorzubeugen, wird häufig eine Klassifizierung vorgenommen, was sich aber nicht sehr bewährt hat. Bei der Inventarisierung lernt man manche Gärten zu wenig genau kennen, um sie richtig würdigen und einstufen zu können. Veränderungen der Objekte können auch rasch dazu führen, dass die vorgenommenen Einstufungen nicht mehr stimmen. Von grossem Nachteil ist aber vor allem, dass Anträge auf definitive Unterschutzstellungen von Objekten, die nicht hoch eingestuft sind, in der Regel abgewiesen werden. Im Kanton Zürich hat sich gezeigt, dass selbst Klassifizierungen, wie «hohe Bedeutung für das Ortsbild» bei strittigen Fällen nicht ausreichen, um vor Gericht durchzudringen, weil geltend gemacht wurde, es sei aber im Inventar ein geringer Eigenwert der schutzwürdigen Denkmäler eingetragen. Es ist klar, dass mit dem Verzicht auf eine Klassifizierung für die späteren Betreuer der aufgenommenen Objekte eine willkommene Möglichkeit zur raschen Orientierung wegfällt. Wir möchten aber nochmals darauf hinweisen, dass gerade bei Gärten diese Information von

recht zweifelhaftem Wert ist. Der Zwang für jeden Betreuer, sich selbst ein Bild über die Bedeutung verschaffen zu müssen, kann deshalb nur von Vorteil sein.

Grosse Sorgfalt bei der Bestandesaufnahme ist nicht nur für Inventare wichtig, die Behörden zu vorsorglichen Massnahmen verpflichten, sondern für jede Liste von Denkmälern, die in den Ämtern für Auskünfte beigezogen wird. Es ist in einem aktuellen Fall immer ausserordentlich schwer, für ein nicht enthaltenes Objekt eine Unterschutzstellung durchzusetzen. Es wird den Antragstellern oder allfälligen Rekurrenten gegen einen bereits erfolgten abschlägigen Entscheid entgegengehalten, das Objekt, zum Beispiel der Pfarrhausgarten, könne doch unmöglich eine so grosse Bedeutung haben, wie sie behaupten, denn sonst wäre er im Inventar enthalten. Sind im Garten Bauten geplant, hat der Architekt vermutlich bereits im Gemeindehaus Erkundigungen eingeholt und den Bescheid erhalten, dass dem Projekt nichts entgegenstehe. Auf diesen Bescheid kann er sich nun berufen. Zur Vermeidung von falschen Auskünften ist es auch wichtig, dass von den schutzwürdigen Gärten eigene Inventare vorhanden sind. Wir haben schon bemerkt, dass hier noch ein riesiger Nachholbedarf besteht. Die grösste Gefahr erwächst einem nicht ins Inventar aufgenommenen Garten jedoch dadurch, dass sich niemand um ihn kümmert. Die Sorge um die vielen anderen Denkmäler beschäftigt die Stellen, die sie betreuen müssen, meistens schon zu stark. Eine regelmässige Kontrolle wäre aber gerade bei den Gärten sehr wichtig. Ein Garten verwildert bekanntlich rasch und ist sehr verletzlich. Wenn er eine Zeit lang nicht mehr gepflegt und gar Bäume gefällt worden sind, gelingt es meistens nicht einmal für inventarisierte Objekte eine Erhaltung durchzusetzen. Sie gelten – fälschlicherweise – bereits als verloren.

Dieser Anblick im Park von Versailles wird bis in weite Zukunft nicht mehr zu geniessen sein. Die bereits sehr alten Ulmen erlitten in einem orkanartigen Sturm im Jahr 1999 schwere Schäden. Man musste sie durch neue Bäumchen ersetzen, die erst in vielen Jahren zu stattlicher Grösse heranwachsen werden. Dies zeigt, dass Parkpflegewerke, die die Unterhaltsarbeiten für die nächsten 100 Jahre zu umreissen versuchen, für grosse Anlagen durchaus sinnvoll sind. Foto: A. Baldinger, Rekingen.

Mit den Inventarisierungen ist in der Regel noch wenig erreicht. Wenn wir wollen, dass Gärten erhalten bleiben, müssen wir alle uns dafür einsetzen. Die Verluste von Gärten und Pärken werden oft hingenommen, weil es angeblich noch schönere oder grössere, wichtigere oder geeignetere in der Stadt oder in der Nachbargemeinde gibt. Wenn sich dann erweist, dass jene auch schon bedroht und teilweise ruiniert sind, beruhigt man sein Gewissen mit dem hoffnungsvollen Hinweis auf die Anlage im übernächsten Ort.

Die Inventare sollten in der Öffentlichkeit besser bekannt gemacht werden. Es wäre doch gut zu wissen, dass der vernachlässigte Garten in der Nachbarschaft und der Park, in dem ein Neubauprojekt ausgesteckt ist, zum erhaltenswerten Kulturgut gehört. Wir könnten die Behörden rechtzeitig auf den drohenden Verlust aufmerksam machen und auf Planungen so Einfluss nehmen, dass die Gärten geschont werden. Die Gefahr, dass eine Publikation viele Besitzer zu Zerstörungsaktionen führen könnte, um einer rechtsgültigen Unterschutzstellung zuvorzukommen, ist offensichtlich nicht so gross, wie früher angenommen worden war. Auch die Befürchtungen, die Publikation fördere unzulässige Folgerungen und liefere denen Munition, die ohnehin behaupten, es gebe zu viele Schutzobjekte, ist nach den Erfahrungen der Baudenkmalpflege wenig begründet. Der Druck, die Inventare zu verkleinern, ist heute wohl recht gross, kommt aber vor allem von uneinsichtigen Behörden. Publizierte Inventare gäben den kulturell Interessierten eine bessere Möglichkeit, sich gegen oberflächliche Behauptungen zu wehren.

Plakate in oder vor Vorgärten beeinträchtigen das Bild einer Strasse in einem Wohnquartier besonders stark. Ein erster solcher Eingriff in ein intaktes Strassenbild führt in der Regel bald einmal zu weiteren. Zürich-Riesbach.

Die neuen, hin und her tanzenden, formgeschnittenen Eiben zeigen, dass hier jemand am Werk war, der die Sprache dieses schützenswerten Gartens im späten Architekturgartenstil nicht versteht oder sich überheblich über die Gestaltungsprinzipien des Vorhandenen hinweggesetzt hat. Die Gefahr ist gross, dass sich solche unüberlegten Eingriffe wiederholen und der historische Garten schliesslich entwertet wird. Zürich-Riesbach.

Die Kraft der Argumente

Der Verlust von Gärten wegen Neubauten, der Einrichtung von Parkplätzen und der Verbreiterung von Strassen wird von vielen Leuten bedauert, aber selten wird etwas dagegen unternommen. Es sind alle so lange Einzelfälle, bis es zu spät ist. Man schüttelt den Kopf über die plötzlich in einem Vorgarten stehende Plakat-wand, aber schert sich nicht weiter darum, bis ein paar weitere an derselben Strasse auftauchen. Oder um den schutzwürdigen Garten wird ein Neubau nach dem andern errichtet, bis er als Fremdkörper erscheint. Wer kann ihn jetzt noch verteidigen? Wenn aber jemand die Entwicklung voraussieht und vorher interveniert – sofern er rechtlich dazu überhaupt eine Möglichkeit hat –

Der grosse Nutzgarten des Schlosses Prangins, das als Landesmuseum eingerichtet ist, geniesst heute grosse Beliebtheit bei den Besuchern. Es hatte
allerdings beim Umbau des Schlosses zum Museum verschiedene private
Gartenfreunde grosse Anstrengungen gekostet, die Verantwortlichen vom
Plan abzubringen, in das Areal einen Restaurantsbau zu stellen und darum
herum bloss Rasenflächen anzulegen. Prangins VD.

wird ihm bestimmt entgegengehalten, die beabsichtigten Neubauten würden bestens eingepasst.

Es ist schwer, gegen ein bereits vorliegendes Projekt aufzukommen, das einen Garten bedroht. Planer und Experten stellen ihre Lösung meistens als die einzig mögliche hin und sind nicht bereit, Varianten oder Alternativen zu studieren. Zudem wird oft technischen Gutachten sowie Wirtschaftlichkeitsprognosen eine Beweiskraft zugebilligt, die bei weitem nicht gegeben ist, aber historische und denkmalpflegerische Gutachten als bloss subjektive Meinungen beiseite geschoben. Aus diesem Grund müssen wir uns als Anwälte des bedrohten Gartens auf Diskussionen und Augenscheine mit der Bauherrschaft sowie den Behörden oder auf Gerichtstermine im Fall, dass wir Rekurs eingelegt haben, besonders gut vorbereiten. Dazu gehört unbedingt ein gründlicher Augenschein im Garten. Wir dürfen uns nicht darauf verlassen, beim Lokaltermin mit der Gegenpartei die Anlage noch in dem Zustand vorzufinden, wie sie unser Gutachter beschrieben hat. Ein Augenschein mit einer Horde von Teilnehmern, die durch den Garten geschleust wird, bringt wenig. Wir müssen uns freier bewegen können, als es ein Besuch in der Gruppe zulässt, müssen vor- und zurückschreiten können, um Zusammenhängen nachzuspüren und unsere Argumente nochmals zu überprüfen. Ein blosses Sich-einmal-Umschauen genügt nicht.

Von den Fällen, in denen dank des Widerstands trotz der angeblichen Sachzwänge eine Erhaltung möglich geworden ist, wird zu wenig berichtet. Vor dem Schloss Prangins, das als Westschweizer Sitz des Landesmuseums eingerichtet worden ist, gibt es einen aussergewöhnlich grossen, mehrere Meter vertieft liegenden Gemüsegarten, der alle Besucher interessiert und zu einer Attraktion geworden ist. Es weiss aber fast niemand mehr, dass geplant war, in diesen prächtigen Gartenraum zwischen Schloss

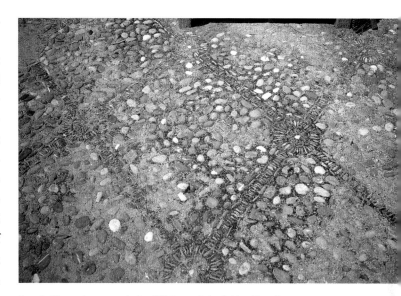

Ausschnitt aus einer gemusterten Pflästerung beim Schloss Prangins.

und Kirche einen Restaurantbau zu stellen und auf dem restlichen Teil bloss eine Rasenfläche anzulegen. Es hatte einen Lausanner Architekten sehr viel Mühe gekostet, die Verantwortlichen davon abzubringen. – Es erinnern sich auch nur noch wenige daran, dass es ein Projekt gab, bei der Villa Schönberg in Zürich einen unterirdischen Erweiterungsbau für das Rietberg-Museum zu erstellen, der den Garten durch Oberlichter und anderes sehr beeinträchtigt hätte. Erst auf Druck von verschiedener Seite sind die unterirdischen Ausstellungsräume zum Museum hin verlegt worden.

Wer sich für die Erhaltung eines historischen Gartens einsetzt, wird mit Fragen konfrontiert, die aus den vorhandenen Unterlagen nicht ohne weiteres beantwortet werden können. Es sei ohnehin nicht mehr viel vom alten Zustand da und der Garten habe sich doch verändert, heisst es. Was eigentlich unter Schutz gestellt werden

Die Erholung im Park ist allen zu gönnen und gegen einen Glacestand an einem heissen Tag und die Benützung einer Parkwiese als gelegentliches Tummelfeld nichts einzuwenden. Was hingegen Besorgnis erweckt, ist die Beobachtung, dass sich die im Einzelnen nicht störenden Einrichtungen schnell ausdehnen und Anlagen zunächst ausnahmsweise, dann periodisch und schliesslich ständig für Benützungen freigegeben werden, die auf einen Festplatz, aber nicht in einen wertvollen Park gehören. Arboretum, Zürich-Enge.

Vernachlässigung eines Parks oder Gartens führt zunächst oft zu einer romantischen Verwilderung, die nur den gestalterischen Wert, aber nicht den Erholungswert beeinträchtigt. Die Verwilderung hat für manche Leute sogar einen Vorteil: Das Gelände kann jetzt ohne Skrupel für allerlei benutzt werden, das nicht in einen Park gehört. Es ist deshalb später auch doppelt schwierig, für die Wiederherstellung und zukünftige Pflege das notwendige Interesse und die Mittel zu finden. Im Fall des Rütteguts am Bielersee sieht es aber glücklicherweise besser aus, es sind Korrekturen ins Auge gefasst worden. Rüttegut, Sutz BE.

Das Grab des Dramatikers Georg Büchner (1812–1838) wurde am 4. Juli 1875 vom Kirchhof zum Krautgarten auf den Germaniahügel verlegt. Damals genoss man von dort einen weiten, freien Ausblick über die ganze Stadt und die umliegende Landschaft. Diese Lage gab dem Denkmal Würde. Wegen Strassenbauten hat die Anlage ihre markante Stellung schon längst verloren. Seither ist sie – wie so viele Denkmalstätten – zwar nicht ganz vergessen, aber auch nie richtig verbessert worden. Zürich-Oberstrass.

Schenkungen von Kunstwerken zur Aufstellung im öffentlichen Raum führen hier und da zu unbefriedigenden Lösungen, die Probleme sind aber selten so gross wie im Fall des Chinagartens, der Zürich von seiner Partnerstadt Kunming geschenkt worden ist. Nach vielen Diskussionen hat man als Standort für diesen Garten die Blatterwiese in den Quaianlagen am See gewählt. Die kasernenartig wirkende Ummauerung beeinträchtigt nun die Sichtachsen, und einer der wenigen grossen Grünräume der Quaianlagen ist aus dem Gleichgewicht geraten. Zürich-Riesbach.

solle, wird gefragt, denn dass was man pflanze, sei doch nicht historisch und natürlichen Veränderungen unterworfen ... Die Frage, wie die Pflege bis in weite Zukunft sichergestellt werden kann, ist tatsächlich ein Problem. Bei wertvollen Gärten von privaten Eigentümern bleibt bei einer drohenden Zerstörung oft nur die Lösung, dass eine Stiftung oder das Gemeinwesen selbst das Objekt übernimmt. Der Fall unterscheidet sich in nichts von vielen andern Fällen der Erhaltung von Kultur- und Naturdenkmälern. Es braucht wie bei jenen oft sehr viel Überzeugungsarbeit, bis ein solches Geschäft zustande kommt.

Für die historischen Gärten ist besonders wichtig, dass in den Verträgen der Zweck und der Schutzumfang genau umschrieben werden. Es schleicht sich nämlich leicht das Missverständnis ein, es sei mit der Erhaltung des erworbenen Gartens oder Parks als Grünraum – und vielleicht noch dem Schutz der grösseren Bäume – dem Denkmalschutz Genüge getan. Die Versuchung, später den Garten für allerlei nicht geeignete Nutzungen freizugeben, ist immer gross. Wenn möglich sollte vor Vertragsabschluss eine eingehende Untersuchung erfolgen und eine Pflegeanleitung auf lange Sicht, ein sogenanntes Pflegewerk ausgearbeitet werden. Stiftungen und die öffentliche Hand kommen übrigens auch oft durch Schenkungen in den Besitz von historischen Gärten. Stifterinnen und Stifter, die Wert auf eine Erhaltung des Gartens in der Art legen, wie sie ihn geliebt und gepflegt haben, ist sehr zu empfehlen, sich beraten zu lassen, wie dies rechtlich gesichert werden kann.

Der grosse Vorzug des historischen Gartens, dass er ein lebendiges Denkmal ist, macht auch seine Schwäche aus. Die Veränderungen, die in jedem Garten vor sich gehen, werden von denen, die bei der Instandsetzung ihre eigenen künstlerischen Ideen einbringen wollen, als

Die Steine und der Tümpel in diesem Garten zeigen, dass er einst reicher ausgestattet war als heute. Es ist aber schwer, die Spuren richtig zu lesen und ein Bild von der einstigen Anlage zu entwerfen. Bei einer allfälligen Untersuchung sollte deshalb schon ganz am Anfang nach Plan- und Bildquellen sowie Dokumenten gesucht werden, die etwas über frühere Zustände der Anlage aussagen könnten. Winterthur ZH.

Vorwand genommen, gar nicht so genau auf die Sprache des Vorhandenen hören und sich unterordnen zu müssen.

Auf dem Weg zum Verständnis

Genauer hinschauen

Mit der Bestandesaufnahme aller Elemente, die zum aktuellen Garten gehören, und aller Spuren, die sich allfällig von anderen, früheren Zuständen erhalten haben, wird eine der wichtigsten Grundlagen für die weiteren Überlegungen zur gartenkünstlerischen und kulturhistorischen Bedeutung und für die Erarbeitung eines Pflegekonzepts geschaffen. Die Bestandesaufnahme ist nicht eine langweilige Pflichtübung, wie das Wort vermuten lassen könnte, sondern eine Art Entdeckungsreise. Es ist nützlich, sich schon vor dem ersten Besuch nach Grundinformationen umzusehen, denn diese erklären oft Dinge, an denen wir sonst lange herumrätseln würden. Allerdings hat dies den Nachteil, dass wir nicht mehr ganz unvoreingenommen beobachten und uns deshalb mögliche Unstimmigkeiten eher entgehen. Bei einer eingehenden Untersuchung, wie sie vor jeder grösseren Änderungen oder Restaurierung eines schützenswerten Gartens durchgeführt werden sollte, fällt dies jedoch nicht ins Gewicht, da ohnehin die «Detektivarbeit» im Garten, die historischen Nachforschungen und vermutlich auch archäologische Arbeiten nebeneinander geführt und die Zwischenresultate immer wieder miteinander verglichen werden müssen. Dank einer Beobachtung im Gelände kann einer bisher kaum beachteten schriftlichen Notiz plötzlich grosse Bedeutung zukommen. Manchmal stellen wir aber auch Fehler in dem fest, was früher dokumentiert worden ist. Leute, die sich nie näher mit historischer Forschung befasst haben, schenken dem Inhalt von aufgefundenen Dokumenten und den Angaben aus der Literatur oft viel zu viel Vertrauen.

Es ist damit zu rechnen, dass das Projekt, von dem Pläne aufgefunden worden sind, gar nie oder nur in reduzierter Form zur Ausführung kam oder nachträglich noch wesentliche Änderungen erfahren hat. Vielleicht sind einige vom Gestalter vorgeschlagene, luxuriösere Elemente wie Skulpturen, Ziervasen oder eine Sonnenuhr weggelassen oder durch bescheidenere Objekte ersetzt worden. Wie es sich wirklich verhält, kann meistens aufgrund genauer Vergleiche der Befunde an Ort und Stelle und den Schrift- und Bildquellen geklärt werden.

Auf den Spuren früherer Pflanzen

Der aktuelle Pflanzenbestand und Spuren, die auf eine frühere, von der heutigen abweichende Bepflanzung hinweisen, sind ein sehr wichtiger Teil dessen, was es zu beobachten und festzuhalten gilt. Trotzdem ist es ratsam, sich zuerst nicht diesen Elementen, sondern den architektonischen zuzuwenden, denn die baulichen Teile geben – auch im ruinösen Zustand – meistens weniger Rätsel auf. Wege, Treppen, Mauern und Gebäude zeigen die

Der gusseiserne Brunnen bei der Villa Wesendouck wurde restauriert, dann aber in ein anderes Quartier jenseits des Zürichsees versetzt. Der Park ist damit um einen Zeugen ärmer.

Der Umgang selbst mit anerkannten Gartendenkmälern lässt immer noch zu wünschen übrig. Das nüchterne, runde Bassin stört im landschaftlichen Rieterpark. Ursprünglich war das Becken umpflanzt, und ein Wasserstrahl stieg aus Grottensteinen in seiner Mitte empor. Der kleine Ganswürger stand weiter vorne in einem Teppichbeet der Art, wie sie in den vornehmen französischen Gärten zur Zeit der Entstehung des Parks üblich waren. Rieterpark, Zürich-Enge.

Grundordnung eines Gartens oder Parks, die möglicherweise an der Bepflanzung nicht mehr deutlich abzulesen ist, weil Sichtachsen zugewachsen sind. Aufgehobene Wege, teilweise abgebrochene Mauern, nachträglich an etwas Bestehendes angefügte Bauteile und andere Beobachtungen geben über Änderungen Auskunft, die eine Anlage im Lauf der Zeit erfahren hat. Für die Datierung und Würdigung von Gartenpavillons, Statuen, Orangerien, Glashäusern, schmiedeisernen Toren und Zäunen findet sich in kunst- und architekturhistorischen Werken ein relativ breites Vergleichsmaterial, und seit dem 17. Jahrhundert sind in Gartenbüchern viele Anleitungen für die Erstellung von Pergolen, Spalieren und Wasser-

künsten veröffentlicht worden. Über Fertigfabrikate aus Terrakotta, Kunststein und andere Materialien orientieren uns Firmenkataloge und Inserate in den Gartenbauzeitungen. Auch die Wege gehören zu den Teilen, die oft recht zuverlässig einer bestimmten Zeit zugeschrieben werden können. Die Linienführung, die Breite sowie die Art des Belags und der seitlichen Einfassungen variierten in den verschiedenen Stilphasen recht stark. Die Qualität der Ausführung gibt manchmal auch einen Hinweis zur Frage, ob eine Fachfirma am Werk war.

Für die Suche, Dokumentation und Analyse von Spuren, die die Geschichte eines Gartens erhellen könnten, muss man sich mit den Methoden der archäologi-

In unseren Parkanlagen können noch unbekannte historische Rosen entdeckt werden. Die pimpinellblättrige Schönheit im Bild ist vielleicht eine Züchtung des Schotten Robert Brown aus dem späten 18. Jahrhundert.

schen Feldforschung und Prospektion vertraut machen. Umfangreichere Nachforschungen im Gelände und archäologische Sondiergrabungen sollten immer Archäologinnen oder Archäologen leiten, denn nur allzu leicht werden aufschlussreiche Einzelheiten von Unerfahrenen übersehen und zerstört. Die Beobachtungen so zu dokumentieren, dass sie auch von denen verstanden werden, die das Objekt nie gesehen haben, ist viel schwieriger, als man denkt. Einer der häufigsten Fehler von Laien ist, dass sie bei etwas unklaren Verhältnissen nicht versuchen, die offenen Fragen durch Abklärungen am Objekt zu lösen, sondern einfach eine Reihe Fotos in der Hoffnung knipsen, ein Experte könne dann später das Wesentliche daraus entnehmen. Damit ist auch ein zwei-

tes Problem angesprochen, nämlich die Frage, was von den unendlich vielen Details, die beobachtet werden könnten, von Bedeutung ist. Wir kommen im Kapitel über die archäologischen Nachforschungen nochmals kurz darauf zurück.

Alle Pflanzen des Garten Edens

Die Pflanzen sind ein lebendiges und liebenswürdiges, aber gerade deswegen recht schwieriges Untersuchungsmaterial. Je nach Grösse eines Gartens gibt oder gab es dort Bäume, Sträucher, Kletterpflanzen, Stauden, Zwiebelblumen, Farne und Nutzpflanzen unterschiedlichen Alters. Alle diese Gewächse ändern sich stets, von Tag zu Tag, vom Frühling bis zum Winter und von einem Jahrzehnt zum andern. Sie brauchen dauernd Pflege und Aufsicht, und man muss alle Vorgänge, die sich abspielen, verstehen, um einen Garten erhalten zu können.

Eine Liste der Gehölze und anderen mehrjährigen Gartenpflanzen, die sich in einer Anlage finden, ist noch lange keine Bestandesaufnahme, die gartendenkmalpflegerischen Ansprüchen genügt. Es gehören auch die ein- und zweijährigen Gewächse dazu, denn trotz der kurzen Lebenszeit der einzelnen Pflanze kann die Art doch fester Bestandteil eines Gartens gewesen sein. Es gibt Einjahrsblumen und zweijährige Gewächse, die versamen und sich so an einem Ort halten. Sämtliche Gräser und Rasengewächse, Moos, Flechten und die sogenannten Kulturfolger sind ebenfalls ein Teil des Grüns im alten Garten und müssen bestimmt werden. Es ist falsch, wenn bei der Instandstellung eines historischen Gartens für den Rasen eine heutige Samenmischung gesät wird, denn der alte Rasen enthielt sicher eine Vielfalt von Pflanzen, die ihm ein besonderes Gepräge gaben, das erhalten werden sollte. Aber auch damit haben wir noch nicht alles dokumentiert, was über die Pflanzen zu sagen ist. Es fehlen noch Mengen- und Grössenangaben und die Kartierung, zudem ist es wichtig, die den Gartenraum prägende Gestalt der Pflanzengruppen bildlich festzuhalten oder zu beschreiben. Angaben über den Gesundheitszustand und zum Alter der Gewächse sind unentbehrlich. Auch von renommierten Gartenarchitekten ist nicht immer genügend auf die Bodenbeschaffenheit, Licht und Feuchtigkeit in einem Garten geachtet und die richtige Pflanzenwahl getroffen worden, und es kommt vor, dass Bäume oder Sträucher zu eng nebeneinander gesetzt wurden.

Das Pflegewerk

Sind die Fluchten von wichtigen Sichtlinien zu eng oder ganz zugewachsen, sollten wir abklären, ob man sie wieder öffnen kann. Bäume und Sträucher, die offensichtlich nicht in das Gestaltungskonzept passen oder viel zu gross geworden sind, müssen wir in unserem Bericht erwähnen. Die Anleitung für die langfristige Pflege, das sogenannte Pflegewerk, kann dann festhalten, wann und wie Korrekturen vorzunehmen sind. In solchen Pflegewerken für berühmte ausländische Gärten und Pärke sind zeitlich gestaffelte Massnahmen für ein ganzes Jahrhundert vorgeschlagen worden. Die Verfasser geben zwar unumwunden zu, dass sie nicht einmal wissen, ob ihr Massnahmenkatalog während der nächsten Jahrzehnte eingehalten wird, haben es aber als wichtig erachtet, einmal etwas zu entwerfen, das wirklich einen optimalen Zustand herbeiführen und erhalten könnte. Das Beispiel zeigt, dass uns die Erhaltung und Pflege von Gartendenkmälern vor ganz andere Probleme stellt als die Erhaltung von schutzwürdigen Bauten.

Die Bestandesaufnahme der Pflanzen sollte sich auch in einem kleineren Garten über mindestens zwei Jahre erstrecken. Einige Pflanzen sind möglicherweise so geschwächt, dass sie nicht jedes Jahr blühen und deshalb in

Beim ehemaligen Kloster Wettingen gibt es eine eindrückliche Gruppe von kreisförmig um einen Sitzplatz stehenden Bäumen, es besteht aber kein Zusammenhang mit den übrigen Grünanlagen. Um ein richtiges Verständnis für diese Baumgruppe gewinnen zu können, müsste man nach Dokumenten über die früher dazugehörige Gartenanlage suchen. Wettingen AG.

Grotten, Grottenbrunnen und Grottensteine werden heute oft wenig beachtet, und es ist selbst Gartenfachleuten und vielen Gartenhistorikern gar nicht bekannt, mit welcher Sorgfalt die kleinen Kunstwerke einst bepflanzt worden sind. In neueren Fachbüchern über Gartenkunst finden sich kaum Informationen dazu, und die älteren Publikationen werden leider kaum konsultiert. So lässt man diese Steinanlagen mit Efeu überwuchern, und bei einer Erneuerung werden sie dann abgetragen.

an den Jahrringen des Holzes noch abzählen, welches Alter der Baum erreicht hat, oder vielleicht sogar ein dendrochronologisches Labor damit beauftragen, das Jahr zu bestimmen, in dem er gesät worden ist. An den Jahrringen können auch besonders gute und schlechte Gartenjahre abgelesen werden.

Bei einer längeren Beobachtungszeit hat möglicherweise auch die sonstige Suche nach Spuren eines früheren, nicht mehr existierenden Zustands mehr Erfolg. In einem verwilderten Garten oder Park ist das, was allenfalls unter Gebüschen verborgen liegt, während der Vegetationsperiode nur schwer zu entdecken. Es entgehen uns dann solche Dinge wie die paar Steine, die noch von einer Wegkante übrig geblieben sind, oder der Einschnitt eines ehemaligen künstlichen Bachlaufs. Fast vollständig erodierte Terrassenkanten oder leichte Unebenheiten im Gelände, die auf den Verlauf ehemaliger Wege, im Boden verborgene Mauern und dergleichen mehr hinweisen, sind oft nur bei einer bestimmten Beleuchtung, nach dem Mähen einer Wiese oder bei leichter Schneebedeckung zu erkennen. Der Winter ist die beste Zeit, um an den Bäumen Spuren zu suchen, die auf einen bestimmten, früheren Formschnitt hindeuten.

Vom zwei- zum dreidimensionalen Garten

Der Versuch, sich einen Überblick über einen Garten zu schaffen, verleitet dazu, das, was wir sehen, gedanklich auf einen Grundplan, also auf zwei Dimensionen zu re-

der ersten Untersuchungsperiode nicht bestimmt werden können. Wenn Bäume gefällt oder Dickichte beseitigt werden, ist die Inventarisierung in den betreffenden Bereichen zu wiederholen, da manchmal Pflanzen, die im Schatten von andern ein kümmerliches Dasein führten, plötzlich wieder Blüten treiben, wenn es nicht mehr an Licht und Nahrung mangelt. Zudem gibt es einjährige Pflanzen, deren Samen über Jahrzehnte keimfähig im Boden bleiben und dann spriessen, wenn sie zufällig bei Grabarbeiten an die Oberfläche befördert werden. Natürlich werden bei der Inventarisation auch bereits abgestorbene Pflanzen und Baumstümpfe kartiert (s. unten). Wenn ein Baumstumpf nicht sehr morsch ist, können wir

Der Eckpavillon bei der Terrasse vor der Villa Schönberg ist zwar restauriert worden, wirkt aber etwas deplatziert, da in der allzu dichten und gleichmässigen Baumkulisse die nötige Aussichtsschneise fehlt. Zürich-Enge.

Eine gute Zeit um Form, Schnitt, Alter und Gesundheitszustand der Gehölze zu begutachten ist dann, wenn die Blätter gefallen sind. Auch zugewachsene Räume und Sichtachsen lassen sich besser erkennen als im Sommer.

duzieren. Bei der Analyse haben wir dann diesen Plan vor Augen und sprechen von den verschiedenen Gartenflächen statt von den Gartenräumen. Wir müssen uns ein neues, besseres Gartenbild machen. Gärten sind dreidimensionale Schöpfungen. Dem guten Gartengestalter gelingt es schon mit kleinen Abstufungen und verschiedenartigen Bepflanzungen, deutliche Unterschiede zu schaffen und damit dem Besucher das Gefühl zu vermitteln, von einem Raum in den andern zu schreiten. Der Vorgarten, der Sitzplatz, die Terrasse, die Liegewiese, der Rosengarten, der Senkgarten, der Nutzgarten – alle bilden eigene Räume, die aber in einem gut gestalteten Garten in einem Bezug zueinander stehen. Es ist schwierig, die Bedeutung solcher räumlichen Bezüge und das Gewicht einzelner Elemente aus einem Plan abzulesen. Ungeübte scheitern oft schon beim Versuch, sich die verschiedenen Sichtverbindungen im Gelände und die Stimmung der einzelnen Bereiche vorzustellen. Deshalb sind verschiedene Rundgänge so wesentlich.

Wer nur mit Plänen arbeitet, vergisst leicht, bei der Beurteilung zu berücksichtigen, welchen Einfluss die Verhältnisse auf den Nachbararealen haben. Mancher Garten wirkt nur deshalb weit, weil seine visuellen Grenzen weit jenseits des Zauns liegen.

Gute Gartenarchitekten haben oft «eine Aussicht ausgeliehen», wie es in Japan heisst, wenn die künstlerische Wirkung durch eine Szenerie ausserhalb des Gartens gesteigert wird. Wenn Gärten und Pärke nicht als Raumschöpfungen gesehen werden, kann dies zu fatalen Fehlentscheiden führen. Es ist in den letzten Jahrzehnten oft vorgekommen, dass von grösseren Gartenanlagen nur die Bäume oder Baumgruppen, aber keine Freiflächen unter Schutz gestellt worden sind. Mit der Überbauung der offenen Räume ging dann das Entscheidende verloren.

Raum und Licht

Von den vielen Faktoren, die den Charakter der einzelnen Räume eines Gartens beeinflussen, zählen die Lichtverhältnisse zu den wichtigsten. Sie sind es auch, die neben Klima und Bodenbeschaffenheit wesentlich bestimmen, was wo gepflanzt werden kann. Umgekehrt ist es die Bepflanzung, mit der Räume geschaffen und die Lichtwirkung gesteuert wird. An der Art der Bepflanzung erkennen wir die künstlerisch wertvolle Gestaltung. Merkwürdigerweise wird aber gerade den Besonderheiten der Auswahl und der Gruppierung der Gewächse oft wenig Aufmerksamkeit geschenkt. Vielleicht sind mangelnde Kenntnisse vom sich wandelnden Aussehen im Laufe des Jahres und während der Lebensdauer der Grund. Wir wissen, dass grosse Gartenarchitekten den zu erwartenden Veränderungen sehr gut Rechnung trugen und da und dort bei der Anlage eines Gartens oft rasch wachsende Gehölze pflanzen liessen, die nur solange erhalten bleiben sollten, bis die sich langsam entwickelnden Bäume das angestrebte Bild boten.

Von sehr grosser Bedeutung ist die Frage, wohin nach dem Willen des Gestalters beim Gang durch den Garten jeweils der Blick gelenkt werden sollte. Bei regelmässigen, in geometrischen Formen angelegten Gärten ist dies relativ einfach festzustellen, doch auch bei ihnen können zu gross gewordene Elemente der Bepflanzung, spätere Einbauten oder auch Skulpturen das Ordnungsprinzip stark verändert haben und uns missleiten. Man darf auch nicht nur auf eine Hauptachse achten und muss abklären, ob einst auf einen fernen «point de vue» gerichtete Achsen bestanden, die nun verbaut sind. Bei den Landschafts- und Wohngärten ergibt sich das Problem, dass bei ihnen nicht die Linien der Gebäude oder die Ausrichtung von Wegen und Terrassen die Sichtlinien bestimmten, sondern die Lage von Elementen, die wahrzunehmen für das Gartenerlebnis wichtig waren. Einige Gestalter, haben gelegentlich Sichtachsen in ihre Projektpläne eingezeichnet, wie zum Beispiel der berühmte Pariser Gartenarchitekt Edouard André, der auch für die Schweiz ein paar Anlagen geplant hat. Dies ist aber eher selten und man muss aufgrund der allgemeinen Gestaltungsprinzipien der Zeit und des Gartenarchitekten zu bestimmen versuchen, wohin die Sichtlinien führten, wie breit die Sicht geöffnet war und welche Art von Bäumen und Sträuchern sie rahmten.

Was die Wirkung ausmacht

Es ist wenig über eine Gestaltung gesagt, wenn wir einfach darlegen, was für eine Wirkung sie auf uns ausübt. Wir müssen versuchen festzustellen, was diese Wirkung hervorruft, und dann abklären, wieweit dies Elemente sind, die sich verändert haben oder neu hinzukamen. Ebenso wichtig ist es, sich Rechenschaft darüber zu geben, was heute fehlt. Es gilt die Funktion zu bestimmen, die die ursprünglich gepflanzten und die später zugefügten Gewächse in der Gestaltung erfüllt haben. Welche Rolle spielten Volumen und Umrissform eines Baumes, die Dichte des Laubwerks und seine Farbe? War ursprünglich wirklich beabsichtigt, dass eine Blutbuche, ein Mammutbaum oder eine Zeder den Garten so beherrscht wie heute? Welche Farbschattierungen waren für Blattgruppen kennzeichnend? Wurden Akzente gesetzt?

Merkwürdig oft wird vergessen abzuklären, in welcher Weise die ursprüngliche Gartengestaltung auf das Wohnhaus oder die in die Anlage gestellten Kleinbauten Bezug nahm. Hinweise auf ein ortsübliches Schema gibt es auch in der Fachliteratur fast nur für Bauerngärten. Die Lage von Ausgängen in den Garten hat meistens weit mehr als nur gerade die Wegführung im näheren Umkreis bestimmt. Bei der Platzierung von Elementen wurde möglicherweise dem Ausblick von gewissen Fenstern oder Balkonen Beachtung geschenkt. Bäume in Hausnähe durften den Lichteinfall nicht allzu stark behindern. Welche Form von Bäumen zu welcher Art von Haus passt und ob eine Begrünung durch Kletterpflanzen wünschenswert sei, wurde von Ästheten immer wieder diskutiert. Schliesslich sei noch auf die Frage der Wirkung einer Gartenanlage im weiteren Umfeld hingewiesen. Nicht nur öffentliche Anlagen, sondern auch viele privaten Gärten sind bewusst so gestaltet worden, dass sie einen engen Bezug zum Ortsbild haben.

Historische Nachforschungen

Kein Garten entsteht über Nacht. Mit der Planung, Ausführung und später der Pflege und allfälligen Erneuerungsarbeiten waren meistens eine ganze Reihe von Personen betraut. Dies steigert die Wahrscheinlichkeit, dass auch über einen alten oder sogar sehr alten Garten irgendwelche Anweisungen, Berichte, Rechnungen über Lieferungen und Arbeiten, Pläne oder Bilder erhalten geblieben sind.

Normalerweise lässt sich die ungefähre Entstehungszeit eines Gartens oder wenigstens der frühest mögliche Zeitpunkt (terminus post quem) anhand von Nachrichten über das Haus bestimmen, zu dem er gehörte. Häufig finden sich in Archivbeständen von Ämtern Dokumente und vielleicht sogar Pläne, die für eine Baubewilligung eingereicht werden mussten. In der Schweiz können Handänderungen einer Liegenschaft anhand der Grundbücher manchmal bis weit ins 17. Jahrhundert zurückverfolgt werden. Die Besitzer der letzten 100 bis 150 Jahre lassen sich an vielen Orten in alten Adressbüchern nachschlagen. Es ist sehr ratsam, eine Besitzerliste und soweit möglich auch die Namen von Bewohnern zusammenzustellen. Nachkommen kennen vielleicht den Garten noch aus ihrer Jugendzeit oder sie besitzen noch Bilder, Briefe, Tagebücher, Memoiren, Gärtneraufträge, Pflanzenbestellungen oder gar Pläne, die Wissenswertes enthalten. Die Erkundigungen können recht zeitraubend sein, denn es kommt kaum vor, dass alles, was interessiert, an einem Ort liegt. Ein aufschlussreiches Bild hängt vielleicht im Zimmer eines Urenkels des einstigen Besitzers und eine Kopie der detaillierten, amtlichen Ausführungsbewilligung für Haus samt Parkanlage müssen wir wohl im Gemeindearchiv suchen. In den Archiven von Grundbuch-, Vermessungs- und Bauämtern finden sich manchmal ältere grossmassstäbliche Übersichtspläne von Gemeinden, auf denen auch Terrassierungen, Treppen, Bassins und Wegführungen eingezeichnet sind und die damit auch wertvolle Informationen zu unseren Untersuchungen beisteuern.

Gehörten frühere Besitzer einer bekannten Familie an, gibt es allenfalls bereits eine Familiengeschichte. Der Lebenslauf eines Besitzers kann Anhaltspunkte dafür geben, ob er als Auftraggeber für die Einrichtung des alten Parks in Frage kommt, den wir studieren. Wenn wir vorerst auf keine Pläne gestossen sind, lohnt es sich vielleicht, allfällig vorhandene alte Rechnungsbücher auf Einträge durchzusehen, die den Garten betreffen. Ausser der Art der ausgeführten Arbeiten und Bestellungen können auch die Namen der Gartenarchitekten wichtig sein, die für das Projekt und den Bau verantwortlich waren, denn sie führen uns zu deren Nachkommen, bei denen sich möglicherweise wiederum Aufschlussreiches finden lässt. Die Nachlässe bedeutender Personen und Firmen können aber auch bereits Spezialarchiven, Museen oder lokalgeschichtlichen Sammlungen übergeben worden sein. Diese Sammlungen sind übrigens nicht selten eine wertvolle Informationsquelle.

3. Auguſt 1898.   Nr. 15. XI. Jahrgang.

Der Schweizeriſche Gartenbau.

er Nachdruck von Artikeln aus dieſer Zeitſchrift iſt nur bei genauer Quellenangabe geſtattet.

Das Waſſer in der Landſchaft.

Kaskaden in der „Waldpartie" der Gartenbauſchule in Wädensweil.

Wenn wir uns an den landſchaftlichen Reizen der ſchönen Schweiz, hl des herrlichſten aller Länder, erbauen und uns dann fragen, wodurch hl der Zauber jener unvergleichlichen Harmonien der Landſchaftsbilder eugt wird, ſo werden wir finden, daß es der Wechſel zwiſchen den htigen, mattenreichen Bergrieſen einerſeits und den blauen, klaren Spiegel=

Die ersten fotografischen Aufnahmen erscheinen in der schweizerischen Gartenfachpresse im späten 19. Jahrhundert. Ein Bild von den «Kaskaden in der Waldpartie der Gartenbauschule bei Wädenswil» ziert das Titelblatt der Zeitschrift «Der Schweizerische Gartenbau» vom 3. August 1898. Wädenswil ZH, Privatbesitz.

Wenn bereits etwas über einen Garten oder Park publiziert worden ist, erleichtert das natürlich die weiteren Nachforschungen sehr. Über eine grössere und wichtigere Anlage lässt sich mit grosser Wahrscheinlichkeit in einer Gartenbauzeitschrift ein Artikel oder wenigstens eine kurze Notiz finden, allein schon deshalb, weil bestimmt eine Gartenbaugesellschaft, der Verein der Herrschaftsgärtner, die Lehrlinge einer Handelsgärtnerei, die Schüler oder die «Ehemaligen» einer Gartenbauschule sie auf einer ihrer Sommerexkursionen besucht haben.

In den letzten 150 Jahren sind in der Schweiz eine grosse Zahl von Gartenzeitschriften erschienen. In ihnen finden sich auch recht viele Informationen über verdienstvolle Gartenfachleute: Es wurde zu grösseren Geburtstagen ein Lebenslauf geschrieben, man hat Wahlen in Ämter, Fachgremien und Jurys vermerkt und Nekrologe abgedruckt. Wir erfahren meistens auch etwas über die Anlagen, die diese Personen gestaltet oder mitgestaltet haben. Ab dem frühen 20. Jahrhundert wird es üblich, Abbildungen, Projektpläne und perspektivische Darstellungen beizufügen. Auch in der ausländischen Fachpresse wurde immer wieder einmal über schweizerische Gärten berichtet, nur gibt es bis heute noch keine Zusammenstellung solcher Artikel und man ist bei der Suche nach bestimmten Themen weitgehend auf den Zufall angewiesen.

Prüfen und deuten

Wer es unternimmt, einen Bericht über einen alten Garten zu verfassen, sollte die Zuverlässigkeit der verwendeten Publikation prüfen und nicht einfach das übernehmen, was womöglich auch schon aus einem anderen Werk abgeschrieben worden ist. Fehler, die beim Lesen von Handschriften entstehen, und Flüchtigkeitsfehler bei der Publikation, wie falsche Daten, Grössen- oder

Mengenangaben, können sehr viel Verwirrung stiften. So standen 12 und nicht 21 Skulpturen im Garten des Freiguts in Zürich, wie es in mehreren Publikationen heisst. Was den eigenen Wunschvorstellungen entspricht, wird oft zu rasch als richtig angesehen. So hat zum Beispiel eine Kunsthistorikerin das «Rübenfeld» in der

Zum Thema Teppichgärtnerei erschienen noch vor etwa hundert Jahren zahlreiche, aufwändig ausgestattete und grossformatige Bücher, nur wenig später wurden dann aber solche Gestaltungen schon als lächerlich empfunden. Wenn man die Teppichgärtnerei aus der längeren historischen Perspektive betrachtet, ist jedoch zu erkennen, dass sie eine neue Phase der Verwendung von Blumen eingeleitet hat. Lange Zeit während des Landschaftsgartenstils waren die Blumen aus den Gärten verbannt gewesen. Privatbesitz.

Legende als «Rosenfeld» entziffert. Weit schlimmer als solche Fehler ist es jedoch, wenn verkürzt wiedergegebene Meinungen den Sinngehalt von Darlegungen ins Gegenteil kehren.

Bei der Auswertung der gesammelten Unterlagen müssen viele Klippen umschifft werden. Die allermeisten Pläne, die aus Nachlässen von Gartenarchitekten stammen, dürften Projekte zeigen, die gar nie zur Ausführung kamen. Noch bis ins frühe 20. Jahrhundert wurde für die Planung von Gärten – vor allem für Privatgärten – recht viel Zeit und Geld aufgewendet. Die Auftraggeber interessierten sich in der Regel sehr für ihre Gärten und wussten viel über Gartengestaltung. Deshalb nahmen sie grossen Anteil an den Projektierungen und verlangten, Varianten vorgelegt zu bekommen, oder gaben sogar mehreren Gartenarchitekten den Auftrag für eine Studie. So fanden sich zum Beispiel in den Nachlässen von drei verschiedenen, konkurrierenden Gartenarchitekten weit gediehene Projekte aus dem Jahr 1911 für die Gestaltung desselben Villengartens am Zürichberg. Keines davon dürfte so wie dargestellt verwirklicht worden sein, denn die Pläne der zur Ausführung bestimmten Projekte wurden jeweils dem Auftraggeber ausgehändigt.

Die Interpretation von älteren Plänen ist nicht immer einfach. Wohl hatten sich in den verschiedenen Zeiten gewisse Usancen bei der Darstellung herausgebildet, aber die Variation im Detail blieb doch sehr gross. Manches, was auf den ersten Blick als sicher erscheint, erweist sich beim näheren Studium als zweifelhaft oder vieldeutig. Ist mit einem farbigen Streifen auf dem Plan des 18. Jahrhunderts eine Hecke, ein Rasenstreifen oder ein Plate-Bande (Rahmenrabatte) gemeint? Bedeutet eine Signatur auf Plänen des 19. Jahrhunderts beim einen Gartenarchitekten eine Tanne, beim andern aber einen beliebigen Nadelbaum? Verbirgt sich hinter der einfachen Darstel-

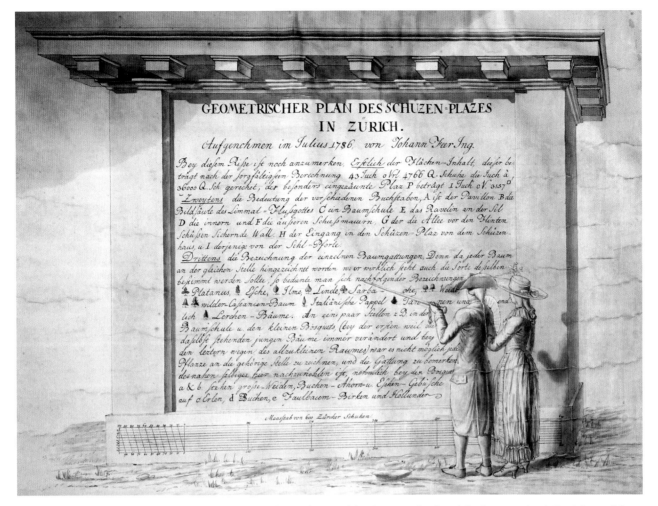

Diese Legende zu einer Planaufnahme des ehemaligen Zürcher Schützenplatzes und des Platzspitzparks gilt auch für die entsprechende Darstellung auf dem wohlbekannten Müllerplan von Zürich aus den Jahren 1788–93 (vgl. Abb. S. 125). Unklar bleibt, wann die Planzeichnung entstanden ist, von der die Legende stammt. Als Datum der Aufnahme hat der Zeichner zuerst 1776 geschrieben und dies dann zu 1786 abgeändert. Auf dem Plan ist aber das Denkmal für den Dichter Salomon Gessner eingezeichnet, das erst 1792 erstellt worden ist. Ausschnitt aus dem Originalplan von J. Feer, BAZ.

lung eines Beets, das nach einem gewöhnlichen Teppichbeet aussieht, in Wirklichkeit eine Anweisungen für etwas Raffinierteres? Ist mit dem kreisförmigen Band ein Kranz von hohen Kardinals-Lobelien *(Lobelia cardinalis)* oder der gewöhnlichen niedrigen Lobelien *(Lobelia erinus)* gemeint? Handelt es sich bei den Tupfern daneben um Echeverien, kleine Agaven oder gar Hochstammfuchsien und welche Partien sind erhöht und welche vertieft? Die Darstellung eines einzigen Teppichbeets kann uns schon vor viele Fragen stellen.

Das Vertrauen auf Plan und Bild

Die Datierungen von einzelnen Planeintragungen stimmen nicht immer mit dem am Rand angegeben Datum überein, denn manchmal ist auf einer vorhandenen Grundlage weitergearbeitet worden. Bei Projektierungen, die nichts mit der Gartengestaltung zu tun hatten, oder bei der Anfertigung von Übersichtsplänen eines Quartiers kommt auch das Umgekehrte vor, dass nämlich schon längst nicht mehr vorhandene Details – zum Beispiel die Gartenwege auf einem Privatgrundstück – aus

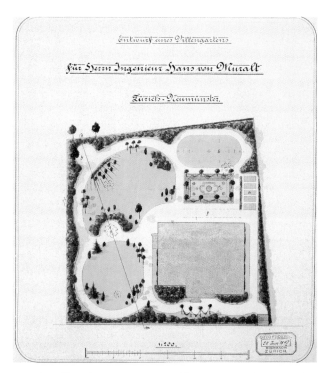

Der schöne, klare Plan zeigt einen Entwurf für eine Gartenanlage in Zürich. Es fehlt allerdings die Legende zu den eingetragenen Buchstaben sowie eine Pflanzenliste. Gerne möchte man auch wissen, ob es sich bei den Hochstammgewächsen um Rosen, Fuchsien oder vielleicht Heliotropen handeln sollte und ob zur Bildung der «Festons» Windender Löwenmaul (*Maurandya*) oder eine der damals beliebten *Rhodochiton*-Sorten vorgesehen worden war. Entwurf einer Gartenanlage für Hans von Muralt an der Neumünsterallee von der Firma Otto Froebel 1897, Zürich-Riesbach, Privatbesitz, Repro BAZ.

älteren Vorlagen übernommen worden sind. Selbst auf offiziellen Katasterplänen kann dies vorkommen.

Bei Ansichten von künstlerischer Hand fragt sich immer, ob der Zeichner oder Maler eine treue Darstellung anstrebte oder ob er sich Freiheiten erlaubte, weil es ihm nicht darum ging, einen Zustand zu dokumentieren, sondern eine Stimmung festzuhalten. Das kann auch bei ein und demselben Künstler geändert haben, wie das Beispiel

eines dänischen Zeichnungslehrers zeigt, der in den 1830er Jahren eine Serie von neun Darstellungen verschiedener Partien des Landschaftsgartens Monrepos bei Wiburg am finnischen Meerbusen anfertigte. Er hielt den damaligen Zustand akribisch fest, fügte darüber hinaus aber auch zwei Blätter bei, auf denen einzelne Motive willkürlich eingesetzt und ein Blatt, auf dem gar eine ganze Anzahl von Ansichten von verschiedenen Standorten zu einem dramatischen Ganzen zusammengefasst sind. So weit gehen zwar wenige Künstler, aber der Komposition zuliebe fügen doch manche noch den einen oder andern Baum oder Strauch ihrer Erfindung ins Bild ein. Bei Lithografien kamen die künstlerischen Ergänzungen mit Spaziergängern, Kühen und Baumgruppen – wohl auf Wunsch des Auftraggebers – zuweilen auch erst in der grafischen Anstalt hinzu.

Die «kleinen Künstler» aus dem Hause oder der Nachbarschaft halten gerne jedes Detail fest – was für uns den grossen Wert ihrer Zeichnungen ausmacht – verrücken dabei aber die Lage und kümmern sich nicht um richtige Proportionen und Perspektive. Und auch sie fügen manchmal etwas hinzu, was wünschenswert wäre. Wir kennen eine hübsche Zeichnung eines Mädchens, das in den 1830er Jahren den elterlichen Park dargestellt und mit einen Gartenpavillon ergänzt hat, den es aus einem Stich kopierte. Wäre die Zeichnung die einzige Ansicht vom Park, würde man ihr wohl vertrauen.

Fotos als Informationsquelle

Fotografien sind eine wichtige Informationsquelle. Es gibt Aufnahmen aus der Frühzeit der Fotografie, auf denen Parkanlagen zu sehen sind, die sich noch fast unverändert seit dem 18. Jahrhundert erhalten haben. Die Objektive von alten Fotoapparaten waren aber anders als

Dieser Flugaufnahme vom Zürcher Universitätsquartier und eines Teils der rechtsufrigen Altstadt kann man interessante Details über die ehemaligen und noch bestehenden Gartenareale entnehmen. Der Verlauf von Wegen und ihre unterschiedliche Breite, sowie Beeteinteilungen sind beispielsweise im Bild unten rechts deutlich zu sehen. Ballonaufnahme von Spelterini 1909, BAZ.

heute, und es braucht gelegentlich sehr genaues Studium, um mit Sicherheit aufgrund einer Fotografie sagen zu können, ob ein bestimmter Baum auf dieser oder jener Seite eines Weges stand, was wieder für die Gestaltung der Anlage natürlich von recht entscheidender Bedeutung war. Fotografien darf in der Regel vertraut werden, aber bei Ansichtskarten ist Vorsicht am Platz, denn für sie ist der Hotelgarten oder die Kuranlage oft nicht von den Gärtnern, sondern vom Retoucheur verschönert worden.

Zu den Bildern, die bei jeder genaueren Untersuchung einer Gartenanlage ausfindig zu machen sind, zählen auch Luftaufnahmen. Es gibt von manchen Gegenden viele Bilder, die schon vor 80 oder mehr Jahren aus dem Flugzeug aufgenommen worden sind und da und dort noch ältere aus dem Ballon oder Zeppelin. Oft sind es die einzigen Bilder, die die ganze Anlage in einem früheren Zustand zeigen. Sie lassen bisweilen erstaunlich viele Details erkennen. Bei einer unserer Gartenstudien entpuppte sich ein vermeintliches Schmutzfleckchen auf dem Bild in der Vergrösserung als eine künstliche, später verschwundene Insel im Parkteich und bei nochmaliger Vergrösserung war sogar das Dach eines auf dieser Insel

Die Kunden konnten sich aus den Planentwürfen nicht immer ein richtiges Bild von dem Vorgesehenen machen. Es war deshalb im frühen 20. Jahrhundert bei den Gartengestaltern Usanz geworden, auch perspektivische Darstellungen anzufertigen und mitzuliefern. Das Ölbild von F. Jezler zeigt ein Projekt von Paul Schädlich für einen noch nicht identifizierten Garten in der Ostschweiz aus der Zeit von 1918–1923. Privatbesitz.

erbauten Gartenpavillons zu erkennen. Die Reste der Uferbefestigung dieser Insel wurden anschliessend im Teich entdeckt, und einige Monate später konnte ein älterer Herr, der als Kind noch im Park gespielt hatte, das Aussehen des Pavillons genauer schildern.

In der Schweiz ist vieles anders

Die in den letzten Jahren recht zahlreichen, im Ausland erschienenen Bücher und Artikel über historische Gärten und Gartendenkmalpflege helfen den an früher, schweizerischer Gartenkunst Interessierten relativ wenig. Das Augenmerk der ausländischen Autoren ist nach wie vor mehrheitlich auf grössere Anlagen, Schlossgärten und königliche Pärke gerichtet. Weder das, was zu den Gestaltungsgrundsätzen, noch das, was über die Stilmerkmale oder zu Datierungen gesagt wird, darf ohne

weiteres auf unsere Verhältnisse übertragen werden. Hierzulande hielten sich die Gartenkünstler doch nicht einmal immer an die als klassisch und grundlegend geltende Gestaltungsanweisung für einen «französischen» Garten. So verlangt zum Beispiel «La Théorie de la pratique du jardinage» von Antoine-Joseph Dezallier d'Argenville von 1747, dass die Eibenbäumchen in den Plates-Bandes nicht höher als 2 bis 3 Fuss, also weniger als einen Meter hoch sein sollen. Im Garten des Stockarguts, unterhalb des heutigen Hauptgebäudes der Universität Zürich, waren sie aber, nach den alten Ansichten zu urteilen, mehrere Meter hoch. Damit brachte der Besitzer jenes Gartens nicht seinen persönlichen, vom französischen Kanon abweichenden Geschmack zum Ausdruck, sondern er hielt sich an das in der ganzen Schweiz Übliche. Abbildungen von weiteren Gärten im Kanton

Das Publikum liebt bekanntlich Blumen. Rechtfertigt dies, dass man bei der Wiederherstellung eines historischen Gartens diesem Geschmack entgegenkommt und sich nicht mehr an das hält, was man aufgrund der Nachforschungen über die Art der einstigen Bepflanzung weiss? Die Mengen von Narzissen und Hyazinthen beim Schloss Waldegg hätte der Gestalter aus der Barockzeit abgelehnt. Die «Denkeli», die dazwischen wachsen, sind erst im 19. Jahrhundert durch Hybridisation entstanden. Mit der Verwendung dieser Gewächse, die heute so viele Hausgärten zieren, hat man die Chance verpasst, die Schlossbesucher auf ältere Gartenblumen aufmerksam zu machen und zu zeigen, dass sich die barocken Gärten nicht nur durch die formgeschnittenen Bäumchen von den heutigen unterschieden haben, sondern auch durch die Art und Verwendung der Blumen. Schloss Waldegg, Feldbrunnen SO.

Zürich wie auch in den anderen Kantonen zeigen nämlich ebenfalls sehr hohe geschnittene Eiben in den Rahmenrabatten.

Endlich sei noch auf die perspektivischen Darstellungen hingewiesen, die Auftraggeber von Gartenarchitekten erbaten, um zu sehen, wie sich die projektierte Anlage mit der Zeit entwickeln werde. Natürlich stellt sich hier die Frage, ob das Projekt dann auch wirklich wie geplant ausgeführt worden ist und der Garten je die Form wie in der Vision des Gestalters annahm.

Pflanzen für den alten Garten

Bis in die 1970er Jahre kümmerten sich nur wenige Leute um die Erhaltung alter Gartenpflanzen, und manche dieser Pflanzen wären heute wohl schon verschwunden, wenn man nicht in England Alarm geschlagen und Massnahmen ergriffen hätte. Seither haben die «Alten Gartenpflanzen» viele begeisterte Freunde gefunden. Parallel dazu hat sich ein Trend entwickelt, Kräuter zu pflanzen und Kräutergärten anzulegen. Dazu haben so verschiedene neu erwachte Interessen wie für Naturheilkunde, für eine raffinierte Küche und für Bauerngärten

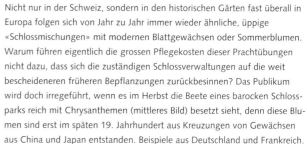

Nicht nur in der Schweiz, sondern in den historischen Gärten fast überall in Europa folgen sich von Jahr zu Jahr immer wieder ähnliche, üppige «Schlossmischungen» mit modernen Blattgewächsen oder Sommerblumen. Warum führen eigentlich die grossen Pflegekosten dieser Prachtübungen nicht dazu, dass sich die zuständigen Schlossverwaltungen auf die weit bescheideneren früheren Bepflanzungen zurückbesinnen? Das Publikum wird doch irregeführt, wenn es im Herbst die Beete eines barocken Schlossparks reich mit Chrysanthemen (mittleres Bild) besetzt sieht, denn diese Blumen sind erst im späten 19. Jahrhundert aus Kreuzungen von Gewächsen aus China und Japan entstanden. Beispiele aus Deutschland und Frankreich.

ebenso beigetragen wie eine gute Portion Nostalgie und Romantik. Bei aller Beflissenheit wird jedoch oft vergessen, dass die ältesten Gartengewächse in die Gärten gebrachte Naturpflanzen waren, denken wir nur an Akelei, Dost, Eisenhut, Leberblümchen, Schlüsselblumen und Vergissmeinnicht. Die von der nächsten Gärtnerei angebotenen Pflanzen mit diesen Namen sind in der Regel moderne Züchtungen, die die Klosterfrauen oder Bäuerinnen von anno dazumal gar nicht erkannt hätten. Sie sehen weder so aus wie ihre alten Verwandten, noch besitzen sie immer die gleichen Geschmackseigenschaften.

Die alten Gartenpflanzen, die tatsächlich auszusterben drohen, finden sich unter den über Generationen von Pflanzenliebhabern selektierten, gekreuzten und vermehrten Gewächsen, die nicht – oder nicht mehr – wild in der Natur wachsen. Die Ursachen der bedauerlichen Entwicklung sind vor allem der häufige Ersatz von reicheren Bepflanzungen durch Rasen oder Bodenbedecker, die wenig Pflege brauchen, die immer aggressiver gewordene Vermarktung von «Neuigkeiten» und der Rückgang der privaten Gärten. Der befürchtete Verlust von älteren Rosen, lokalen Gemüse- und Obstsorten hat die Kenner zuerst aufgeschreckt und zu Rettungsaktionen geführt. Es gibt aber noch zahlreiche andere Pflanzen, die ebenso sehr zur Bereicherung und Schönheit unserer Gärten beitragen würden, wenn wir sie noch ausfindig machen und erhalten könnten. Jeder Pflanzenliebhaber weiss, dass sich ein guter Teil der «Neuigkeiten» trotz viel Vorschusslob langfristig im Garten nicht bewährt. Wir wollen damit die Erfolge, die das ehrliche Bemühen um Verbesserungen gebracht haben, nicht schmälern. Dank der Züchtungsarbeit gibt es Pflanzen, die länger blühen als die einstigen und festere Stengel sowie regenfestere Blumen haben. Wir sollten aber nicht vergessen, dass die älteren Gewächse andere wertvolle Eigenschaften besitzen. So sind sie im Allgemeinen recht robust, ertragen Hitze besser, stellen keine hohen Ansprüche an den Boden und sind wenig anfällig für Krankheiten, wie allein schon ihr Überleben bis heute beweist. Viele der alten Gartenpflanzen haben eine zierlichere Gestalt, feiner geformte Blätter und Blüten als die heutigen und tragen damit zum besonderen Wert eines Gartens bei, in dem sie leben dürfen.

Alte Gartenpflanzen

Es konnte natürlich nicht ausbleiben, dass manche Leute hinter der neuen Wertschätzung der Pflanzen, die vor den grossen Hybridisierungsarbeiten der moderneren Zeit in den Gärten standen, ein gutes Geschäft witterten. Manche Firma, die Samen verkaufte, sah die Chance, ein etwas anderes Angebot als das bisher übliche auf den Markt zu bringen, konnte sich dabei aber nicht auf genügende Kenntnisse stützen. Seither werden neben einigen, tatsächlich alten, einheimischen Sorten vielerorts auch zahlreiche, aus ausländischen Gärtnereien beschaffte Pflanzen als «Alte Gartenpflanzen» angeboten, die weder das vermutete Alter haben, noch in der Region je bekannt waren. Die Gefahr ist gross, dass zu Gunsten solcher Pflanzen andere, schon seit langem in der Gegend kultivierte Arten und Sorten aufgegeben werden und ver-

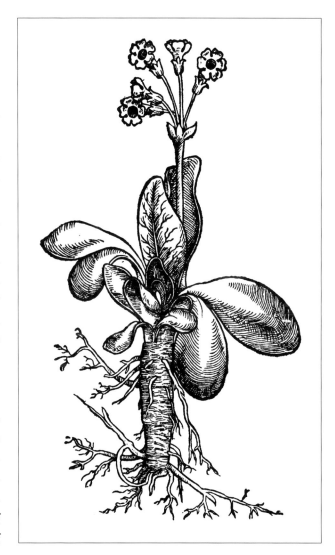

In den Schweizer Gärten des 16. Jahrhunderts wurden gerne die süss duftenden kleinen Primeln, volkstümlich «Flühblumen», angebaut. Christoph Pfäfferlin, der Kirchherr zu Sigriswil BE, besass eine ganze Sammlung von solchen Primeln, nämlich weisse, bleich- und goldgelbe, rote, himmelblaue, dunkelaschfarbige sowie bunte und getüpfelte. Konrad Gessner, De raris et admirandis herbis. Zentralbibliothek Zürich.

Dieses Aquarell vom Garten des Schlosses Oberried bei Belp zeigt viele interessante Details der barocken Anlage. Die Orangenbäumchen stehen in grossen, weiss gestrichenen Kübeln, die alle auf Hocker gestellt wurden, um Staunässe zu vermeiden. Zwischen diesen Bäumchen in Kübeln gibt es Rosen, die an Stäben mit vergoldeten Knöpfen emporklettern. Die bandartigen, schmalen und niedrigen Buchseinfassungen sowie die ruhigen Farben – mehrheitlich Grüntöne – sind typisch für die damaligen Gärten. Es gehörte nicht zum guten Ton, Blumen en masse zu verwenden. Auf den Postamenten des Zauns stehen Ziervasen, Skulpturen und Blumentöpfe. Der Landschaftsgartenstil macht sich in der Ausgestaltung der Fontäne mit «natürlich» wirkenden Steinen, im dahinter sich ausdehnenden grünen Teppich sowie im wenig gekünstelten Schnitt der Eiben bereits etwas bemerkbar. Aquarell von Marquard Wocher um 1777, Privatbesitz, Repro R. von Fischer.

schwinden. Die Informationen stammen fast immer aus Büchern und Schriften, in denen rasch einige unzuverlässige Angaben aus ausländischen Quellen zusammengestellt worden sind. Selbst in Fachschulen wird nicht immer sorgfältig nachgeforscht und dem schwammigen Begriff «Alte Gartenpflanze» mehr Inhalt gegeben.

Vertiefen wir uns in die zeitgenössischen schweizerischen Schriftquellen, können wir feststellen, dass das Sortiment der gängigen Gartenpflanzen im 18. Jahrhundert viel breiter und andersartig war, als im Allgemeinen angenommen wird. Es gäbe viel zum Erforschen, aber vielerorts kann man sich schon aufgrund von einigen wenigen Büchern ein ziemlich gutes Bild machen. Für den Kanton Zürich kann auf das Büchlein des Zürcher Stadtarztes Johannes von Muralt hingewiesen werden, das den schönen Namen «Eydgnössischer Lust-Garte» trägt und im Jahr 1715 veröffentlicht wurde. Knappe Kommentare wie «Geissblatt in allen Gärten» oder «Sevenbaum, man pflanzet in den etlichen Gärten» geben uns wichtige Hinweise darauf, was einst verbreitet war und welche Pflanzen nur in den Gärten von einzelnen Liebhabern standen. Zu den Letzteren zählen solche, die erst später üblich wurden, wie der Pracht-Akanthus *(Acanthus mollis)*, und Pflanzen, die heute eher unbekannt und vergessen sind, wie der «Runde Mönchrhabarber», die Sauerampfer, der Keuschbaum *(Vitex agnus-castus)* und die Afrikanische Platterbse *(Lathyrus tingitanus)*, eine sehr reizvolle einjährige Wicke. Die bei von Muralt erwähnten Schlüsselblumen «mit weissem und braunem Blust», die damals in ein paar Hausgärten in Zürich wuchsen, dürften nicht mehr zu finden sein, es hatte sie wohl jemand in der Natur entdeckt, in den Garten geholt und für sich und seine Freunde vegetativ vermehrt. Wurde diese Vermehrung aufgegeben, starb die Pflanze aus. Der grösste Teil der übrigen von von Muralt aufgeführten Pflanzen lassen sich hingegen auch heute noch leicht ausfindig machen.

Ein zweiter Gartenschriftsteller des 18. Jahrhunderts aus dem Zürcher Gebiet war der bereits früher erwähnte Pfarrer J. C. Sulzer. So knapp gehalten, wie der Titel «Kurzgefasstes Garten-Büchlein» vermuten lässt, ist allerdings das pfarrherrliche Werk nicht, und wir stossen zunächst auf breite Erläuterungen darüber, welche Gartenarbeiten bei zu- oder abnehmendem Mond auszuführen seien, bevor wir erfahren, was damals in den Gärten gerne angebaut wurde: Zum Beispiel Asfodel-Lilien, Dreyfaltigkeitsblumen, Gauch-Blumen, Jacobea, Herbst-Rosen, einjährige Lupinen, Momordica, Papier-Blümlein, Scabiosen, Schnecken-Klee, Tag- und Nacht-Blümlein und Tuberosen. Eine weitere gute Quelle für Informationen über Gartenpflanzen seit der ersten Hälfte des 18. Jahrhunderts sind Annoncen in Zeitungen. In den in Zürich erschienenen «Donnstags-Nachrichten» wurden vor allem im Frühling und Herbst Samen und Setzlinge angeboten, und man kann anhand der Inserate die sich stetig vergrössernde Auswahl an Pflanzen bis ins frühe 19. Jahrhundert sehr schön verfolgen.

Der Aufschwung der Gartenbaufirmen

Ab der zweiten Hälfte des 18. Jahrhunderts fanden mehr aussereuropäische, vor allem nordamerikanische Pflanzen Eingang in unsere Gärten. Die Auswahl nahm dann so schnell zu, dass den Interessierten bereits im frühen 19. Jahrhundert sehr viele Pflanzen zur Verfügung standen, die wieder in Vergessenheit gerieten und erst seit relativ kurzer Zeit erneut von Gärtnereien angeboten werden. Wenn Pflanzen schon kurz nach ihrer Einführung in Ungnade fielen, bedeutet das nicht, dass sie sich schlecht für die Gärten eigneten. Nach Jahrhunderten, in denen sich die Auswahl der verfügbaren Arten kaum geändert hatte, war das Angebot von neuen Züchtungen plötzlich so gross geworden, dass sich vieles nur solange halten konnte, bis die Gärtnereien wieder mit anderen Neuigkeiten aufwarteten. Es hatte eine Periode von rasch wechselnden Trends begonnen, die noch längst nicht genügend erforscht ist.

Verschiedene schweizerische Gartenbauunternehmungen begannen ab 1830 nach dem Vorbild von ausländischen Firmen, spezielle Listen ihrer Pflanzen und Samen drucken zu lassen und zu verbreiten. Annoncen setzten sie nur noch für ganz besondere Gewächse in die Zeitungen und Zeitschriften. Mit dem «Verzeichnis der Sämereien von neuen und schönblühenden Sommergewächsen» von 1836 bot die Firma Theodor Fröbel ihren Kunden bereits 58 verschiedene Sorten von Sommerstrassburger, das heisst Sommerlevkojen, zum Kaufe an. Die Liste enthält aber auch Pflanzen, wie die Reseda *(Reseda odorata)*, die heute noch in ihrer unverbesserten Naturform zu haben ist und die besser duftet als die späteren Züchtungen. Als «eine der schönsten

Einfassungen» hat die Firma, die aus Kalifornien stammenden «Blue Lips» (*Collinsia grandiflora*) empfohlen, die dann von anderen Neuigkeiten schon so rasch verdrängt wurden, dass sie nicht einmal einen deutschen Namen bekommen haben.

Die Gartenliteratur blüht auf

Die Literatur über Gartenbau blühte im Laufe des 19. Jahrhunderts in ganz Europa richtig auf. Ab den 1840er Jahren gab es schweizerische Gartenbauzeitschriften, die regelmässig über die gerade beliebtesten und neusten Pflanzen berichteten. Bei der Auswertung der Informationen muss man allerdings beachten, dass ein Teil der Texte auch dann aus ausländischen Zeitschriften oder Büchern entnommen sein können, wenn ein entsprechender Hinweis fehlt.

Im Zusammenhang mit der grösseren, zur Verfügung stehenden Auswahl von Pflanzen seit der zweiten Hälfte des 19. Jahrhunderts wurde es üblich, dem Auftraggeber neben dem schön kolorierten Projektplan von seinem neuen Garten auch einen weiteren Plan für die Bepflanzung auszuhändigen, worauf der Standort der zu erhaltenden, natürlich gewachsenen Bäume und Sträucher sowie der neuen Gewächse oder Gewächsgruppen mit Nummern eingetragen war. Direkt auf den Plan geschriebene, aber öfter separat geführte, manchmal mehrseitige Listen schlüsselten die Bedeutung der Nummern auf. Die Schulen für Gartenbau, in denen damals auch das Zeichnen von Plänen gelehrt wurde, hatten ihren Anteil daran, dass ein solches breiteres Planmaterial ausgearbeitet wurde. Diese Unterlagen sind aber nur selten erhalten geblieben, offenbar wurden sie nach der Ausführung der Arbeit meistens weggeworfen. Doch selbst wenn wir die Listen finden, sind selten schon alle Probleme gelöst. Wir stossen auf Bezeichnungen, die den

Gärtnern damals geläufig waren, uns aber wenig sagen, wie «Laubholz-Gebüsch» oder «Monatsrosen» (s. S. 103, Nr. 4 und 12). Die damaligen Lehr- und Handbücher oder die Pflanzenkataloge können uns dann Aufschluss geben. Es kommt auch vor, dass der Gartenarchitekt für einzelne Pflanzungen verschiedene Varianten vorgeschlagen hat (s. S. 103, Nr. 4, 10, 11) und die endgültige Wahl der Pflanzen dem Auftraggeber oder dessen Gärtner überliess.

Eine weitere Möglichkeit, den einstigen Pflanzen auf die Spur zu kommen, sind Kopien von Samenbestellungen und Rechnungen von Gärtnereien sowie Auflistungen oder Bemerkungen in Briefen und Tagebüchern. Gartenfreunde haben früher oft viel mehr über die Arbeit und das Geschehen im Garten festgehalten als wir heute. Viele zogen ihre Bäume und Sträucher aus Samen, denn was von weit weg, womöglich auf dem Seeweg bestellt werden musste, war teuer, und die Pflanzen kamen nicht selten tot an. Kein Wunder, dass bei dieser intensiven Beschäftigung mit den Pflanzen manche zur Erinnerung in ein Herbarium aufgenommen worden sind und von uns dort entdeckt werden können.

Die alten Namen der Pflanzen

Ohne Grundkenntnisse über ältere Pflanzennamen werden unsere Nachforschungen zu keinen guten Ergebnissen führen. Nicht nur der volkstümliche, sondern auch der wissenschaftliche Name kann geändert haben, zum Beispiel nannte man die Bergenien (*Bergenia sp.*) früher *Megasea*, und manche Erwähnung von Berberitzen bezog sich auf die Mahonien. Zu grosser Verwirrung kann es führen, wenn ein alter Name noch immer existiert, aber nicht mehr die gleichen Pflanzen bezeichnet wie einst. So scheinen in den 1840er Jahren sowohl der Trompetenbaum (*Catalpa bignonioides*) als auch die

Im frühen 20. Jahrhundert bauten viele Gartenbesitzer mit grossem Interesse Obst von speziell ausgesuchten Sorten an und studierten eifrig, was über Obstbau geschrieben wurde. Als sich andere Gartenbauzeitschriften noch mit schwarzweissen Abbildungen zufriedengeben mussten, gab es in der Schweizerischen Obst- und Gartenbau-Zeitung schon regelmässig grossformatige Farbtafeln. Privatbesitz.

Die *Rambler*-Rosen blühen nur einmal, dann aber verschwenderisch. Für sie wurden vor etwa hundert Jahren an manchem Vorgartenzaun sogenannte Rankrosengitter montiert. Vgl. S. 24 – 25

Amerikanische Trompetenwinde *(Campsis radicans)* und der Trompetenwein oder die Kreuzrebe *(Bignonia capreolata)* «Bignonia» genannt worden zu sein, während wir heute nur die zuletzt erwähnte so nennen. Botanische Nachschlagewerke geben über offizielle Namensänderungen Bescheid. Bei den Gartenfachleuten sowie in den Handelskatalogen blieben die alten Namen aber oft noch lange nach der Umbenennung im Gebrauch, denn sie waren ihnen und ihren Kunden geläufiger als die neuen.

Beim Entziffern der Pflanzennamen in Handschriften haben die Pflanzenkenner den Vorteil, dass sie meist schon nach wenigen Buchstaben wissen, worum es sich handelt. Sie würden wohl die Bourbonrosen und Nemophila entdeckt haben, und nicht bei B....rosen und N... stecken geblieben sein, wie es einem Editor eines Briefes von 1903 passiert ist. Und wer nur ein wenig in den wissenschaftlichen Pflanzenbezeichnungen bewandert ist, würde Lactuca auch dann nicht für einen alten Eisengegenstand halten, wenn er in einer Eisenwarenhandlung gekauft wurde, sondern erkennen, dass der Besitzer der Handlung im Frühling eben auch Sämereien verkaufte, unter anderem von Lattich *(Lactuca sativa)*. Besonders unerfreulich ist es, wenn bei der Publikation von Pflanzenlisten einzelne Namen aus Nachlässigkeit weggelassen werden oder weil sie der Verfasser nicht entziffern konnte, aber dies nicht erwähnt. Selbst sehr gewissenhaften Forschern ist es einfach nicht möglich, immer alles nochmals anhand der Originaldokumente zu überprüfen, und die Gefahr ist deshalb gross, dass die unvollständigen Angaben weitergegeben werden, was beispielsweise bei der Planung einer Restaurierung zu nicht geringen Fehlern führen kann.

Fotografien sind eine Quelle für Informationen über die frühere Bepflanzung eines Gartens, die zu wenig

Ein herbstliches Staudenbeet, das sich selbst in England zeigen lassen dürfte. Die seltene Farbaufnahme zeigt einen unbekannten Garten, der höchstwahrscheinlich von Paul Schädlich angelegt worden ist. Eventuell Garten am rechten Zürichseeufer. Glaspositiv in Privatbesitz.

benützt wird. Mancher Gartenfreund hat die Winkel des Gartens, auf die er besonders stolz war, im Bild festgehalten, doch wahrscheinlich finden sich auch unter den Personenaufnahmen solche, die etwas vom Garten zeigen. Da steht zum Beispiel die Grossmutter vor dem Blumenbeet oder die Familie vor dem Spalier. Wir fragen daher nicht nur nach Aufnahmen vom Garten, wenn wir nach Bilddokumenten suchen. Um Pflanzen aufgrund von bildlichen Darstellungen zuverlässig bestimmen zu können, muss man sie freilich recht gut kennen. Wie scharf das Bild für eine Bestimmung sein muss, hängt sehr von den einzelnen Gewächsen ab. Für einen guten Pflanzenkenner genügt es hie und da schon, wenn der Habitus einigermassen deutlich ist.

Entwurf einer Bepflanzungsliste für eine Villa in Zürich aus dem Jahr 1902

Entrée und grosser Schattenplatz bei der Villa Harry Syz, Zürich-Enge

1. Taxus-Hecke
2. Joyram. Taxus, locker geschnitten (14 St.)
3. Chamaecyp. Lawsoni (2 St.)
4. Laurocerasus oder Aucuba (12 St.)
5. Niedr. Mahonien-Borduren
6. Edeltannen
7. Cotoneaster Lalandi (2 St.)
8. Ligustrum Regelianum (4 St.)
9. Ilex Aquifolium (2 St.)
10. Band v. Monatsrosen od. Epheu
11. Hochst. Ahorn (monpls), Nussbaum od. ähnliche
12. Laubholz-Gebüsch

Dazu steht auf dem Plan noch: «1 hochst. Ulmus subrosa pendula»

Namen und Abkürzungen, wie auf dem Plan der Firma Otto Froebel, Hirslanden-Zürich 1902 verzeichnet.

Entwurf für die Bepflanzungsliste der Stauden- und Rosenrabatten der Vigogne-Spinnerei in Pfyn aus dem Jahr 1916

Stauden

Aconitum autumnale
Anchusa myosotidifl.
Anemone Jap. Brillant
Aquilegia glandulosa
Aquilegia Skinneri
Aster acris Linosyris
Aster Amellus Beauté
  parfaite
Aster subcoerul.
Astilbe Arendsi Venus
Betonica gdfl. sup.
Campanula lactiflora
Centaurea montana
Chrysanthemum max.
  Triumph
Coreopsis grandifl.

Delphinium K.T. Baroen
Delphinium Lamart. Bel-
  lad.
Dianthus plum. R.d. Mai
Dictamnus Fraxinella
Digitalis hybr. gdfl.
Erigeron mesagrande
Funkia ovata
Geum Heldr. magnif.
Geranium armenium
Heuchera brioides splend.
Heuchera Flambeau
Helenium pum. magn.
Inula gland. gdfl.
Iris neubronce & Lohen-
  grin
Iris spectabilis

Lychnis chalcedonica
Lychnis viscaria spl.
Phlox Alpha
Phlox Baronne v. Oede-
  men?
Phlox dec. Mahdi Eclai-
  reur
Phlox Snowdon
Polemonium humile
Polygonum Bistorta sup.
Rudbeckia Neumanni
Rudbeckia purp. sup.
Scabiosa caucasica alba
Solidago spectabilis
Veronica Hendersoni
Wulfenia carinth.
Als Einfassung: Mimulus

Rosen

Chatenay
Chauré
Dean Hole
Had. Montel
Herriot
Louise Lilia
Lyon Rose
Pharisäer
Powell

Namen und Abkürzungen, wie auf dem Plan der Firma Otto Froebels Erben, Zürich 1916, verzeichnet. Man beachte, dass ein Teil der Rosennamen in der Liste abgekürzt ist. So ist zum Beispiel mit «Herriot» sicher die Lutea-Hybride «Mme Edouard Herriot» gemeint, die der bekannte französische Rosenkultivateur Joseph Pernet-Ducher im Jahr 1913 auf den Markt gebracht und damit grosses Aufsehen erregt hat.

Archäologen am Werk

Forschungen in Pompei haben besonders eindrücklich gezeigt, was archäologische Ausgrabungen zur Gartengeschichte beitragen können. Schon im 18. Jahrhundert sind dort die ersten Häuser mit Gärten ausgegraben worden, und seither sind fast kontinuierlich bis heute jedes Jahr weitere archäologische Untersuchungen durchgeführt worden, natürlich mit immer feineren Methoden. Die Entdeckung von Hohlräumen im Boden, die nach der Zersetzung von Wurzelwerk zurückblieben, hat in den 1960er Jahren viel Aufsehen erregt. Es gelang, die Löcher mit Gips zu füllen und so Wurzelmodelle herzustellen, aufgrund derer die Art der Bäume bestimmt werden konnte, die in den römischen Gärten gestanden hatten.

Zur Erforschung neuerer Gärten sind früher nur selten archäologische Ausgrabungen durchgeführt worden, das hat sich aber in den letzten Jahrzehnten geändert, da bekannt geworden ist, wie viel solche Bodenuntersuchungen zur Klärung der Entwicklungsgeschichte eines Gartens beitragen können. Dies betrifft nicht nur die sehr alten Anlagen, sondern auch Gärten und Pärke bis ins frühe 20. Jahrhundert. Ein Problem war anfänglich, dass auch Archäologen manche Spuren von verschwundenen Gärten lange gar nicht als solche erkannten. So sind die Überreste eines Gartens aus dem 17. Jahrhundert in Cambridgeshire, England, zunächst als Spuren eines eisenzeitlichen Bauernhofs, eines römischen Lagerplatzes oder eines mittelalterlichen Dorfs angesehen worden. Erst als bei gartenarchäologischen Untersuchungen vergleichbare Strukturen zum Vorschein kamen, wurden die Reste richtig gedeutet.

Die Gartenarchäologie macht Fortschritte

Die Ausgrabungen der 1960er Jahre im Garten des Schlosses Het Loo bei Apeldoorn sind dank einer breit angelegten Informationskampagne der zuständigen Behörden international bekannt geworden. Anlass zu diesen Grabungen war der Plan, ein Museum einzurichten, das die Geschichte der königlichen Familie zeigt. Das Schloss Het Loo war für den illustren Statthalter, Wilhelm von Oranien, der später als William III. (1689–1702) England regierte, gebaut und ein grosser Garten dabei eingerichtet worden. Louis Bonaparte, 1806 von seinem Bruder Napoleon I. als König von Holland eingesetzt, liess dann die Senke, in der das barocke Parterre lag, auffüllen und auf der neuen Fläche eine «englische» Anlage anlegen. Wilhelm I., der folgende König aus der Familie von Oranien, der nur einige Jahre später den Thron seines Vaters zurückbekam, fand keinen Gefallen an dieser seines Erachtens «sehr mittelmässigen englischen Anlage». Versuchen zur Verbesserung war wenig Erfolg beschieden, da das stark sandige Planierungsmaterial kein guter Boden für die eingesetzten Bäume war. Die archäologischen Suchgräben der 1960er Jahre zeigten dann, dass sich die Parterres unter den Auffüllschichten erstaunlich gut erhalten hatten. Es wurde deshalb der Entschluss gefasst, grössere Flächen auszugraben und das mittlere Parterre sowie eine Hälfte des sogenannten Gartens der Königin (Abb.00) zu rekonstruieren. Der grösste Teil der Anlagen aus dem 17. Jahrhundert liegt aber nach wie vor unter dem Landschaftsgartens des frühen 19. Jahrhunderts verborgen.

In der Schweiz brachten Grabungen im Garten des Schlosses Waldegg bei Solothurn 1987 gut erhaltene Treppen, Wege und Reste eines Springbrunnens und eines weiteren Wasserbeckens zu Tage. Seither haben da und dort kleinere gartenarchäologische Sondierungen stattgefunden. Im Park des Schlosses Arenenberg im Kanton Thurgau wurden bei einer 2004 durchgeführten Ausgrabung ein grösseres Bassin mit Springbrunnen sowie ein Eiskeller entdeckt. Auch zahlreiche, wertvolle Klein-

Das Parterre aus dem späten 17. Jahrhundert vor dem Schloss Het Loo wurde 1984 rekonstruiert und dem Publikum zugänglich gemacht. Diese Rekonstruktion weckte in Fachkreisen und bei Gartenfreunden ganz allgemein sehr grosses Interesse, da man möglichst genau nach den damals bekannten, verschiedenen historischen Quellen gearbeitet hatte. Aufgrund neuer Erkenntnisse und Erfahrungen sind später einige der getroffenen Lösungen mit Recht kritisiert worden, Het Loo liefert aber noch immer wichtiges Anschauungsmaterial für viele Einzelheiten historischer Anlagen, so entspricht zum Beispiel die sparsame Verwendung der Blumen in den Rahmenrabatten durchaus den barocken Vorbildern. Het Loo bei Apeldorn, Niederlande, Foto oben: A. Baldinger, Rekingen AG.

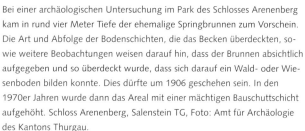

Bei einer archäologischen Untersuchung im Park des Schlosses Arenenberg kam in rund vier Meter Tiefe der ehemalige Springbrunnen zum Vorschein. Die Art und Abfolge der Bodenschichten, die das Becken überdeckten, sowie weitere Beobachtungen weisen darauf hin, dass der Brunnen absichtlich aufgegeben und so überdeckt wurde, dass sich darauf ein Wald- oder Wiesenboden bilden konnte. Dies dürfte um 1906 geschehen sein. In den 1970er Jahren wurde dann das Areal mit einer mächtigen Bauschuttschicht aufgehöht. Schloss Arenenberg, Salenstein TG, Foto: Amt für Archäologie des Kantons Thurgau.

Vorhof eines Latrinenstollens im Park des Schlosses Arenenberg. Bei archäologischen Ausgrabungen im Jahr 2004 kam auch der Baumstumpf im vorderen Teil des Stollenvorhofs zum Vorschein. Er strömte einen deutlichen Zitronenduft aus. Die dendrologische Untersuchung des Holzes ergab, dass es sich um ein Zypressengewächs handelte. Schloss Arenenberg, Salenstein TG, Foto: Amt für Archäologie des Kantons Thurgau.

funde, die zwar weniger mit dem Garten als mit der Geschichte des Schlosses und seiner Bewohner zu tun haben, wurden gehoben. Von einer grösseren Zahl Baumstrünke, die auf der unteren Geländeterrasse zum Vorschein kamen, wurde die Holzart bestimmt. Es handelte sich um 26 verschiedene Arten, darunter vier Zedern, eine Magnolie, Baumhasel *(Corylus colurna)* und ein zu den Zypressengewächsen gehöriger, aber nicht genauer identifizierbarer Baum, dessen Holz einen stark aromati-

schen Geruch ausströmte. Dieser Geruch war schon den Ausgräbern aufgefallen. Ein Weg im Park von Arenenberg war von Robinien begleitet, und offensichtlich gab es auch einen kleinen Buchenhain wie beim nur rund anderthalb Kilometer entfernten Schloss Eugensberg.

In Zürich stellte man 1988 im Garten der Villa Egli, Höschgasse 4, fest, dass unter den heutigen Rasenflächen Wegkofferungen und ein künstlicher Bachlauf von der ursprünglichen Gestaltung aus dem Jahr 1895 liegen, die

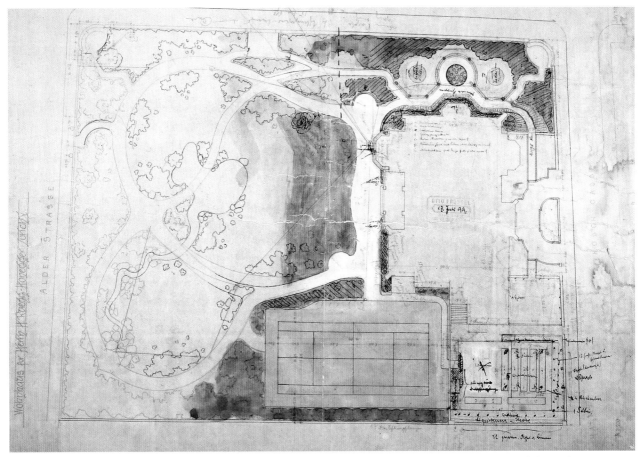

Bei Ausgrabungen im Garten der Villa Egli in Zürich-Riesbach, auch Villa Rüegg-Honegger genannt, wurde 1989 der auf dem Plan links von der Mitte eingezeichnete Teich mit unregelmässigen Konturen entdeckt, jedoch keine Spuren vom Belag des Tennisplatzes unten auf dem Plan. Entwurf der Firma Otto Froebel von 1899, Zürich-Riesbach. Privatbesitz, Repro BAZ.

sich gut erhalten haben. Interessanterweise konnten die Ausgräber aber keine Spur vom ehemaligen Tennisplatz der Villa mehr feststellen, obwohl ihn die tennisbegeisterte Familie angeblich jeden Frühling bis 1955 mit frischem «Tennissand» bedecken liess. Wurde vielleicht der Belag vor dem Anschütten von Humus und der Neubepflanzung gründlich entfernt, konnte sich der Sand bis zur Unkenntlichkeit mit dem Untergrund vermengt haben, oder wurde einfach zu wenig tief gegraben? Es ist auch für sehr erfahrene Archäologen oft schwer zu entscheiden, ob mit einem Suchgraben bereits der natürliche, nie gestörte Untergrund erreicht worden ist. Zur Beurteilung der verschiedenen Schichten ziehen sie oft Geologen bei, die mit bodenkundlichen Problemen vertraut sind.

Überraschungen aus dem Boden

Wie tief im Boden allfällige Spuren zu erwarten sind, lässt sich kaum voraussagen, es gibt erstaunliche Unterschiede. Nicht nur bei moderneren Terrainveränderungen, bei denen Maschinen zum Einsatz kommen, können grosse Materialverlagerungen vorgenommen werden. Umgekehrt finden sich immer wieder Beispiele, bei denen erstaunlich gut erhaltene Reste unmittelbar unter der Oberfläche liegen. Auch über den voraussichtlichen Erhaltungszustand lassen sich kaum Aussagen machen. Im Park der Villa Patumbah konnte durch Bohrungen, Sondierschnitte und auch grossflächigere Ausgrabungen festgestellt werden, dass das ursprüngliche Wegnetz praktisch überall intakt erhalten ist, ausser in der südwestlichen Ecke des Parks, wo man die Wegkofferung einst wegen der Einrichtung einer neuen Obstanlage streckenweise weggegraben hat. Nur einige Zentimeter unter der aktuellen Humusschicht kam bereits Kies zum Vorschein, darunter ein ebenes Steinbett von 10 cm Dicke und schliesslich eine Rollierung aus grossen Bollensteinen von 25 cm Mächtigkeit. Der massive, gute Unterbau der zwei Meter breiten Wege erstaunte alle, die an der Untersuchung teilgenommen hatten. Seitlich waren die Wege von Stellsteinen eingefasst. Die Spiel- und Ruheplätze des Parks waren noch kräftiger fundiert. Die dekorativen Bodenplatten einer kleinen Turnlaube sowie die Fundamente der Voliere kamen überraschenderweise erst in einer Tiefe von rund 0,80 Meter zum Vorschein, zur Zeit, als man die Hoffnung, etwas zu finden, schon fast aufgegeben hatte. Nachträglich konnte in Erfahrung gebracht werden, dass an jener Stelle in den Kriegsjahren zum Anbau von Gemüse Erde angeschüttet worden war.

Demgegenüber waren Sondierungen in einem Garten auf dem Wall des Schlosses Kyburg im Kanton Zürich wenig ergiebig. Der Garten war 1578 aus dem Burghof dorthin verlegt worden und musste dann öfters ausgebessert werden, weil wieder viel Erde vom Rand abgerutscht war. Der Garten bestand ohne grosse Änderungen über Jahrhunderte und verwilderte schliesslich. Er wurde 1926 in historisierender Art mit Hecken und Kugeln aus Buchs sowie Rasenflächen neu gestaltet. In den drei Sondiergräben, die 1997 angelegt wurden, konnte von den früheren Gartengestaltungen kaum Spuren entdeckt werden, und die Funde waren sehr spärlich. Da unterdessen nicht mehr zur

Gartenarchäologische Suchgräben beim Schloss Kyburg, die vor einer geplanten Erneuerung des Gartens angelegt worden sind. Obwohl keine wichtigen Entdeckungen gemacht worden sind, war es richtig, die Sondierung durchzuführen, denn bei Gartenarbeiten übersieht man leicht allfällige ältere Spuren, oder es ist zu spät, um darauf Rücksicht zu nehmen. Kyburg ZH.

Diskussion stand, den Garten allenfalls in Anlehnung an die ursprüngliche Form neu zu gestalten, konnte auf weitere archäologische Grabungen verzichtet werden. Wichtige Resultate ergaben hingegen wiederum archäologische Grabungen im Garten der Villa Tobler, Winkelwiese 4, in Zürich. Zur Sicherheit wurde dort auch ein Sondierschnitt durch einen Kiesplatz gezogen, unter dem man eigentlich keine älteren Spuren vermutete. Es kam ein völlig unbeschädigtes Becken eines Springbrunnens aus dem späten 19. Jahrhundert zum Vorschein, sogar das Standrohr steckte noch im Abfluss. In der Mitte waren Kalksteinbrocken zu einer Felspartie gruppiert. Ferner wurde ein Schacht mit den völlig intakten Abstell- und Entleerungshähnen sowie der Abflussleitung neben dem Becken entdeckt.

Die Ungewissheit über den Erfolg sollte uns nie davon abhalten, vor Änderungen in einem historischen Garten archäologische Sondierungen durchführen zu lassen. Archäologische Untersuchungen können Fundamente oder sogar noch aufgehende Teile von Terrassenmauern, Gewächshäusern, Pavillons, Grotten oder künstlichen Ruinen zum Vorschein bringen, die auf keinem Bild oder Plan eingezeichnet sind. Sie können uns über die richtige Lage und Grösse von Elementen Aufschluss geben, die in den Unterlagen wegen nachträglicher Änderungen oder Nachlässigkeit falsch vermerkt sind. Besonders wichtig sind alle die Informationen, die uns in der Regel weder Schrift- noch Bilddokument liefern: die Farbe und Korngrösse vom Sand oder Kies eines Wegbelags, die Art der Bearbeitung der Steine für Plattenbeläge, Mauern und Brüstungen, die Art von Beeteinfassungen, die Modellierung einer ehemaligen Rasenfläche und anderes mehr. Wird bei einer Restaurierung eines historischen Gartens für die baulichen Elemente das falsche Material, die falsche Farbe oder eine falsche Oberflächenbearbeitung gewählt, leidet die Gesamtwirkung oft sehr. Es ist gefährlich, sich bei solchen Entscheiden auf das Gefühl zu verlassen. Reste vom Original, die ausfindig gemacht werden können, sind deshalb sehr wertvoll. Man kann die archäologische Suche im Garten mit der Suche von Restauratoren nach älteren Farbschichten vergleichen.

Kleinfunde von grossem Wert

Die Kleinfunde, die beim Graben entdeckt werden, können vor allem das Bild vom Leben im Garten bereichern und Anhaltspunkte für die Datierung liefern. Da finden sich manchmal Scherben von Blumen- und Übertöpfen, von Melonenglocken und tönernen Giesskannen, sodann Gartenwerkzeuge, Glaskugeln, dekorative Nägel oder gar die Teile von Gartenbänken. Am wichtigsten sind aber vielleicht die Pflanzenfunde. Es ist erstaunlich, wie kleine Bestandteile einer Pflanze von Archäobotanikern identifiziert werden können. Die Pflanzenfunde stammen meistens aus wassergesättigten Schichten, z.B. vom Grund eines Brunnenschachts oder aus Fäkaliengruben, denn im normalen Boden zergehen die Reste rasch. Zu den sogenannten Makroresten, die am besten durch Schlämmen aus dem Schichtmaterial herausgeholt werden, zählen zum Beispiel Samen, Früchte, Zweige, Blätter, Nadeln und Rindenstückchen. Es ist auch möglich, den Polleninhalt einer Ablagerung zu analysieren. Das Problem ist aber, dass der Pollen vom Wind aus sehr grosser Distanz hergetragen worden sein kann. Die Pollen gehören zu den Mikroresten.

Ergibt sich zwischen den Ausgrabungsbefunden und noch vorhandenen Plänen oder anderen Dokumenten ein Widerspruch, müssen wir zu klären versuchen, welche Information die richtige ist. Bei der Ausführung eines Projekts wurde oft an Ort und Stelle über Änderungen entschieden.

Archäologische Ausgrabung der Spuren eines Gartens von einem römischen
Gutshaus in Dietikon. Die Gräbchen links und rechts von der Mitte des
Bildes markieren zwei bepflanzte Flächen. Vermutlich lagen in diesen Gräbchen einst die Fundamente einer Balustrade oder eines Zauns, wie sie auf
verschiedenen römischen Wandmalereien und Mosaiken von Gärten zu
sehen sind. Das eingeblendete Bild links oben ist nach solchen Darstellungen entworfen worden. Der Pfeil weist auf die entsprechende Ecke in der
Ausgrabung hin. Foto der Ausgrabung: Kantonsarchäologie Zürich.

Begegnungen

In diesem zweiten Teil des Buches wollen wir einige Begegnungen mit Gärten vermitteln. Wir werden Gartenanlagen vorstellen, in die man sich leicht verlieben kann, und solche, deren Wert sich erst erschliesst, wenn man nähere Bekanntschaft mit ihnen geschlossen hat. Wir werden auch einem Garten begegnen, den es gar nicht mehr gibt, der aber archäologisch erforscht worden ist, und einem Garten, dessen Bedeutung und ehemalige Schönheit im gegenwärtigen verwilderten Zustand nicht ohne weiteres erkannt wird. Ferner werden wir bei unseren Begegnungen immer wieder sehen, dass ein kleiner, wenig beachteter Garten oder Park ein viel wichtigerer Zeuge der Gartengeschichte sein kann als manche viel besuchte Anlage.

Unsere Beispiele sollen aber auch ein Stück der rauen Wirklichkeit zeigen. Einem grossen, sehr bedeutenden Villenpark und der einst grössten öffentlichen Anlage der Schweiz drohen eine weitgehende Zerstörung, wenn die zu ihrer Rettung unternommenen Aktionen fehlschlagen sollten. Die Beschwichtigungen von verschiedener Seite, dass doch ein schöner Teil erhalten bleibe, geben zu denken. Kann ein Villengarten im Landschaftsgartenstil noch als gartenkünstlerische Leistung befriedigen und ist er noch ein wertvolles Denkmal, wenn gerade das geopfert wird, was den landschaftlichen Charakter ausmacht, und ist es für eine Parkanlage wirklich unerheblich, wenn sie gerade dort von riesigen Neubauten überstellt wird, wo sie sich am weitesten öffnet? Ist eine Einheit von Baudenkmal und Gartendenkmal nicht besonders schützenswert?

Die Entdeckung eines römerzeitlichen Gartens

Bei den Ausgrabungen einer römerzeitlichen Villa in der Nähe des Bahnhofs Dietikon im Jahr 1989 kamen Reste eines Ziergartens zum Vorschein. Dies war eine aussergewöhnliche und sehr wichtige Entdeckung, denn bis dahin hatte man im ganzen Gebiet nördlich der Alpen erst an zwei Orten die Spuren römischer Gärten richtig untersuchen können, nämlich in Fishbourne bei Chichester in Südengland und in Vienne südlich von Lyon in Frankreich. Aber auch südlich der Alpen ist man bei Ausgrabungen ausser in den beim Vesuvausbruch im Jahr 79 verschütteten Städten Pompei, Stabiae und Herculaneum nur sehr selten auf Reste von Gärten gestossen. Wir kennen nur die Spuren einiger bescheidener Nutzgärten aus Cosa, die Anlagen von Kaiser Hadrian bei Tivoli und die Peristylgärten der portugiesischen Römerstadt Conimbriga. Der Fund von Dietikon war also wirklich sensationell, leider erinnert aber heute an Ort und Stelle überhaupt nichts mehr daran, denn alle Reste mussten einer Tiefgarage weichen.

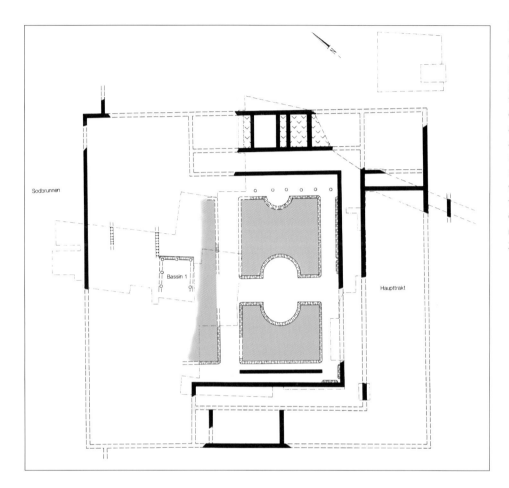

Plan des Gartens eines römerzeitlichen Gutshofs. Der Garten war auf drei Seiten von den Gebäuden des Herrenhauses umgeben. Die bepflanzten Flächen sind grün eingetragen. Links im Plan ist ein Bassin eingezeichnet, hinter dem sich das ausgedehnte, ummauerte Gutshofareal erstreckte.
Ein weiteres Bassin war bei einem Umbau unmittelbar vor der Hauswand des nordöstlichen Gebäudeflügels angelegt worden. Römischer Gutshof Dietikon ZH, Umzeichnung nach Plan der Kantonsarchäologie Zürich.

Der Garten dieses Herrenhauses in einem grossen Gutshof aus der Mitte des 1. Jahrhunderts war symmetrisch angelegt worden und umfasste rund 50 Aren. Er lag zum Teil innerhalb der drei u-förmig angeordneten Gebäudeflügel, dehnte sich aber auf der offenen Seite noch ein Stück weiter gegen das ausgedehnte Hofgelände des Gutsbetriebs aus, in dem ein Tempelchen, die Wohnhäuser der Dienstleute und Sklaven sowie die Ökonomiegebäude standen. Im Bereich, der von den Gebäudeflügeln umstellt war, gab es zwei grosse Pflanzflächen,

zwischen denen auf der Hauptachse des Gartens ein breiter Weg verlief. Dieser Weg weitete sich im Zentrum zu einem kleinen, rundlichen Platz von zirka 10 auf 6 Metern aus und führte dann weiter bis zu einem knapp einen Meter tiefen, rechteckigen Wasserbassin. Weitere Wege liefen um die Pflanzflächen herum, und vor der nordöstlichen Gebäudefront, also auf der sonnigsten Seite, gab es ein halbrund vorspringendes Plätzchen.

Die Form der bepflanzten Flächen zeichnete sich bei den Ausgrabungen als 35 bis 40 Zentimeter breite ehemalige Gräbchen ab, die ihrem Rand entlang liefen. Ähnliche, schmale Gräben hatte man seinerzeit auch bei den Ausgrabungen im Garten des Innenhofs der Villa in Fishbourne entdeckt und als Pflanzgräben für Buchsheckchen gedeutet, die die Gartenwege säumten. Diese Deutung lag nahe, da die Gräben mit gutem Humus gefüllt waren, es gab aber auch Beobachtungen, die dagegen sprachen. Die Gräbchen in Dietikon wurden in Analogie zu Fishbourne ebenfalls als Spuren von Buchseinfassungen gedeutet, wogegen allerdings noch deutlichere Argumente sprechen als dort. In die Gräbchen wurde offenbar kurz nach dem Ausheben wieder unfruchtbares Aushubmaterial eingefüllt, was nicht mit dem Pflanzen einer Einfassung vereinbar ist. Wir halten es für wahrscheinlicher, dass in die Gräbchen Fundamente für die von römischen Wandgemälden her gut bekannten zierlichen Schranken oder Gitter gesetzt wurden, die dem Rand von bepflanzten Flächen entlang führten. Die in römischer Zeit in Gärten verwendeten, ungezüchteten, also grösstenteils recht hohen Stauden und Rosensträuche liessen sich mit den Gittern elegant vom Auswuchern zurückhalten. Ein einfassendes Gitter war ein dekoratives Element, das die Wege sauber von der vorwiegend grünen, aber doch malerischen «Halbwildnis» trennte. Die Auswahl an Gartengewächsen war nämlich in römischer Zeit recht klein, und die meisten von ihnen blühten nur während einer kurzen Zeit. Was im Garten in Dietikon wirklich gepflanzt wurde, liess sich leider nicht eruieren, da Funde von Pflanzenresten ausgesprochen spärlich waren und von den nachgewiesenen Gewächsen einzig der Schlafmohn zu den Gartenpflanzen gerechnet werden kann. Auf einem pompeianischen Wandgemälde ist Schlafmohn in einem Ziergarten zu sehen.

Vor den beiden seitlichen Flügeln des Herrenhauses gab es Elemente, die offensichtlich auch zur Gartengestaltung zu rechnen sind. Auf der Südwestseite handelte es sich um ein Mäuerchen, das die gleiche Länge hatte wie das bepflanzte Feld davor. Möglicherweise diente es zum Aufstellen von Blumentöpfen oder von kleineren Skulpturen. Auf der gegenüberliegenden Seite des Gartens wurde eine gleich lange Reihe von Pfostengruben entdeckt, die nach dem Ausgrabungsbericht von den Pfosten einer Pergola herrühren könnten. Nun macht aber unseres Erachtens eine Pergola direkt vor der Säulenreihe des Umgangs (Porticus) wenig Sinn. Viel eher könnten wir uns vorstellen, dass in den Gruben Ständer für Bildtafeln, kleine Skulpturen, Vasen, ein Vogelbad oder dergleichen mehr verankert waren. Die Römer liebten es, solche Dinge in ihren Gärten aufzustellen.

Der Teil des Gartens ausserhalb der u-förmig angelegten Villa nahm eine grössere Breite ein. In ihm lag quer zur Hauptachse das bereits erwähnte rechteckige Wasserbecken. Es war zunächst mit einer Holzauskleidung gebaut worden, die dann später durch gemörteltes Mauerwerk ersetzt wurde, und hatte eine Grösse von rund 5 mal 10 Metern. Die Länge liess sich nicht mehr sicher ermitteln, denn neuzeitliche Störungen hatten im ganzen äusseren Gartenbereich die römischen Reste arg beeinträchtigt. Deshalb konnte auch von der Art der den Garten vom Hof trennenden Mauer keine genauere Vorstellung gewonnen werden. Es wird vermutet, dass es sich nur um eine niedrige Mauer handelte, im mittleren Teil vielleicht sogar nur um eine Pergola, sodass man vom Garten aus eine weite Aussicht auf die Hügelzüge geniessen konnte, die das Limmattal begleiten.

Im frühen 2. Jahrhundert nahm man im Gartenbereich einige grössere Änderungen vor, die auch eine Umgestaltung der Einfassung des bepflanzten Bereichs erforderte. Anstelle des Wegs vor der nordöstlichen Seite des Umgangs wurde ein zweites Wasserbassin angelegt,

Die einstige römische Stadt Coninbriga ist dank der Ruinen mit kleinen Gartenanlagen, die sich dort erhalten haben, zu einem wichtigen Ort für das Studium der Frühgeschichte der europäischen Gartenkultur geworden. Ausserhalb Italiens sind Reste von römerzeitlichen Gärten äusserst selten. Für die Bepflanzung des Beets im Bild sind Akanthus, Iris, Pfingstrosen und andere römerzeitliche Ziergewächse gewählt worden. Coninbriga, Portugal.

das mindestens 22 Meter lang und 3 Meter breit war. Wasserbassins direkt vor dem Säulenumgang sind von verschiedenen Beispielen in Vienne gut bekannt. Ein Vorteil der Anordnung war, dass das Dachwasser direkt ins Becken tropfen konnte. Sicher hatte man die Becken nicht nur zur Zier angelegt, denn Wasser war gefragt, besonders wenn man einen so grossen Ziergarten wie die römische Gutsherrschaft in Dietikon besass. Die Lage der Villa war in dieser Hinsicht sehr günstig, denn Wasser konnte von der nahen Limmat oder von der Reppisch hergeholt oder -geleitet werden.

Die Villa wurde um die Mitte des 2. Jahrhunderts, wahrscheinlich im Zusammenhang mit einer Zweckänderung umgebaut, vergrössert und gegen die Strasse orientiert, die auf der Südostseite des Areals vorbeiführte. Der Gartenbereich wurde mit einer dicken Schicht von Abbruchmaterial überdeckt und planiert, was alle älteren Reste und Spuren im Boden schützte und bis in unsere Tage hinüberrettete. Anscheinend wurde das Areal weiterhin als Garten benutzt – Hinweise auf die Art seiner Gestaltung konnten aber keine gefunden werden.

Die in Dietikon entdeckten Reste einer römischen Gartenanlage sind von hohem wissenschaftlichem Interesse und grossem kulturgeschichtlichem Wert. Es handelt sich nicht nur um einen seltenen Fund, sondern auch um eine bisher kaum bekannte Art von römischem Garten. Wir haben es hier weder mit einem kleinen, städtischen Gärtchen hinter einem Wohnhaus zu tun noch mit einem ringsum von einem Säulengang umschlossenen Garten ohne Aussicht wie die Anlagen in Coninbriga und Vienne sowie die meisten Gärten in den Vesuvstädten. Die erwähnten Schwierigkeiten, die es macht, das im Boden Entdeckte zu deuten, lehrt uns aber auch, dass bei künftigen Ausgrabungen allfälligen Spuren von Garteneinrichtungen grösste Aufmerksamkeit zugewendet werden sollte. Den vielen in Museumshöfen und in Freilandmuseen gezeigten, angeblich treuen Rekonstruktionen liegen in Wirklichkeit gar keine sicheren Kenntnisse zu Grunde, ja es darf behauptet werden, dass das wirkliche Aussehen der Gärten wohl in den meisten Fällen weit entfernt davon war. Zwei Briefe, in denen Plinius der Jüngere (ca. 61–112 n. Chr.) seine eigenen zwei Gartenanlagen beschreibt, sind die einzigen römischen Texte, denen Genaueres über die Art der Gartengestaltung entnommen werden kann. Abgesehen davon, dass die Schilderung dieser Anlagen nicht einfach verallgemeinert werden darf, reichen die Angaben von Plinius auch sonst nicht aus, die in Berichten über Ausgrabungen vorgenommenen Ausdeutungen genügend abzusichern. Das Beispiel der Beeteinfassungen zeigt dies deutlich: Wohl spricht Plinius von formgeschnittenem Buchs und Buchshecken, aber nirgends von Buchseinfassungen der bepflanzten Flächen.

Es ist bedauerlich, dass die Stadt Dietikon mit Ausnahme eines unscheinbaren, kurzen Mauerstücks keine weiteren Reste ihres bedeutenden Gutshofs erhalten hat.

Von den umfangreichen, archäologisch untersuchten Ruinen eines grossen römerzeitlichen Villenkomplexes mit Spuren eines Gartens liess man einzig dieses Stück Mauer bestehen. Es liegt dem SBB-Bahnhof Dietikon gegenüber.

Die unter Naturschutz stehenden grossen Bäume in nächster Nähe des Orts, wo das Herrenhaus ausgegraben worden ist, hätten einen schönen Rahmen für eine Anlage gebildet, in der Mauern erhalten und der Verlauf der Umfassungen der bepflanzten Flächen nachgezeichnet worden wären.

Klostertradition

Fortblühender Garten Vergangenheit, stiller Vorort des Himmels
In Wolkenstreifen und Pappeln, Kornhügeln und spiegelndem Wasser,
Die Nonnen ergehen sich durch Gemüsebeete, ...

Albin Zollinger, Kloster Fahr.

Die Klosterkirche von Fahr, bei der ein kleiner, stimmungsvoller Friedhof der Nonnen liegt. Bei Unterengstringen ZH.

ausruhen und picknicken, ein ebenso grosser Anziehungspunkt dürfte aber auch das klostereigene Gasthaus «Zu den zwei Raben» mit seiner grossen Gartenwirtschaft gewesen sein. Am Abend kaufte man die angenehm gewürzten Nonnenkräpfli als Mitbringsel für die Daheimgebliebenen oder zum Naschen unterwegs und wanderte zurück in die Stadt. Heute kommen weniger Leute zum Kloster Fahr, denn das Limmattal ist nicht mehr die ruhige Oase von einst. Nach den letzten Häusern von Unterengstringen öffnet sich dem Spaziergänger aber noch heute unerwartet ein ländliches Bild mit grossen Feldern und Rebbergen über den Dörfern weit hinten. Nur die Autobahnschneise, die er auf einer Brücke überquert, bevor er den Hang zum völlig ins Grün eingebetteten Kloster hinuntersteigt, erinnern ihn daran, dass die Zeit nicht still gestanden ist.

Sicher gab es schon im Mittelalter Gärten im Klosterbezirk. Die früheste bildliche Darstellung, auf welcher Gärten festgehalten sind, stammt aber erst aus dem 17. Jahrhundert. Es ist dies ein etwas unbeholfener Kupferstich, auf dem Baumgärten und einfache, in rechteckige Beete unterteilte Nutzgärten zu sehen sind. Auch aus späterer Zeit gibt es nur wenige Ansichten, Pläne und Dokumente, die etwas über die Art der Gärten des Klosters aussagen. Auf dem Areal des heutigen Schulgartens ist einmal ein kleinerer und dann auch wieder ein grösserer Garten dargestellt. Er lag direkt an der Klostermauer, dort wo im Jahr 1731 die neue Propstei errichtet wurde und einen Teil der Fläche beanspruchte. Seither nimmt der Garten in der Gesamtdisposition der Klostergebäude eine bedeutendere Lage ein. Nach den Abbildungen aus verschiedener Zeit scheint die Einteilung der Fläche mehrmals geändert zu haben. Es wurden offenbar manchmal nur viele rechteckige Beete in Reihen angelegt, manchmal aber auch eine Unterteilung mit einem Wegkreuz vorgenommen, sodass

Das im 12. Jahrhundert gegründete Benedikterinnenkloster Fahr war lange Zeit ein beliebtes Ausflugsziel der Zürcher. Noch im frühen 20. Jahrhundert pflegten an schönen Sonntagen Hunderte von Spaziergängern dorthin zu wandern, um an der Limmat einige gemütliche Stunden im Freien zu verbringen. Die Ausflügler konnten sich in den Auen am Fluss gleich unterhalb des Klosters

Der grosse, sonnige «Schulgarten» ist von niedrigen Mauern umgeben und auf zwei Seiten von den Klosterbauten geschützt, was das Gedeihen der Pflanzen begünstigt.

vier Felder entstanden. Im Zentrum dieser Felder oder Schilde, wie sie genannt werden, gab es zeitweilig noch ein rundes Beet. Anlass zu solchen Änderungen der Garteneinteilung war vielleicht einfach die Notwendigkeit, den Boden wieder einmal gründlich umzugraben und neue Erde zuzuführen. Dies sind doch immer Gelegenheiten, bei denen Gartenfreunde gerne etwas Neues versuchen. Noch in den 1940er Jahren standen Obstbäume im Schulgarten, was der Anlage ein etwas bäuerliches Aussehen gab. Zum Teil handelte es sich um freiwachsende Bäume und zum Teil um Spalierbäume. Vier im Kreuz angeordnete Birnbäume betonten die Mitte. Heute findet sich dort nur ein rundes Beet, das etwas zu klein wirkt. Vielleicht kommt das daher, dass es schon zur Zeit der Birnbäume angelegt worden ist. Die Ränder des Beets und des darum herum führenden Wegs sind mit Rabattenziegeln eingefasst.

Der eben beschriebene Schulgarten ist von Bruchsteinmauern umschlossen, die man auf der Innenseite nicht verputzt hat. Zwei identische, schmiedeiserne Tore führen in den Garten. Das eine befindet sich direkt vor der Türe der Propstei auf der Nordseite, das zweite gegenüber auf der andern Seite des Gartens. Die einfache Art dieser Tore und der – wenigstens heute – etwas rustikale Charakter der Mauer harmonieren gut mit der Bepflanzung. Es gibt hier keine Buchseinfassungen, obwohl der Garten von alten Bauten umgeben ist. Sie gehören auch nicht zu den traditionellen Nutzgärten im Kanton Zürich (Das Kloster steht im zürcherischen Unterengstringen, ist aber seit 1803 eine Exklave des Kantons Aargau). In den Beeten wird, wie das sicher auch früher der Fall war, vorwiegend Gemüse angebaut. Es gibt dort Bohnen, Lattich, Mangold, Randen, Sellerie, Spargeln und Tomaten. Die Stauden in den Randbeeten sind eher neueren Datums. Die Ringel-, Samt-, Sonnen- und andere Einjahrsblumen stehen im fröhlich farbigen Gegensatz zu den hellgrau verputzten

Der Garten im Innenhof liegt in der Klausur. Besucher des Klosters dürfen ihn nicht betreten, aber dank der Freundlichkeit der Benediktinerinnen doch bei den öfters stattfindenden Führungen von einem Fenster aus betrachten. Er ist in viele Beete von rundlicher und annähernd rechteckiger Form eingeteilt. In diesen Beeten wachsen Stauden, Einjahresblumen, Kräuter und Rosen. Rechts ist die Südwand der Kirche zu sehen, hinten und links Fassaden der Konventbauten. Kloster Fahr bei Unterengstringen ZH.

Klosterbauten. Der Pflegestand der Gewächse ist hoch, aber nicht übertrieben, der Garten wird nur so unterhalten, wie es für ein gutes Gedeihen der Pflanzen nötig ist. Es handelt sich um ein schönes Beispiel traditioneller Gestaltung. Der Garten ist nicht zu einem Schaustück aufgeputzt und trägt keine gesuchte Originalität zur Schau. Man glaubt zu spüren, dass die Benediktinerinnen einfach ein wenig Freude verbreiten wollen.

Die Gestaltung des Gartens im Hof des Konvents südlich der Kirche, hat mehrere Änderungen erfahren. Solange die Bauten, die ihn einschlossen, noch eine geringe Höhe hatten, war das Areal sonnig und geschützt, ideal für den Anbau von Gartengewächsen. Wenn der bereits erwähnte Kupferstich die Anlage treu wiedergibt, waren auch dort einst nur Reihen von einfachen, rechteckigen Beeten angelegt worden. Wegen der Errichtung der dreistöckigen Konventbauten im späten 17. Jahrhundert musste der Garten auf der Ostseite begradigt werden. Nach den mehrjährigen Bauarbeiten hat man ihn vermutlich auch ganz neu anlegt. Wie beim Schulgarten scheint die Art der Gestaltung mehrmals leicht gewechselt zu haben. Die Beete sind heute abwechselnd rund, oval und rechteckig und mit Rosen, Einjahrs- und Zwiebelblumen, Stauden und Kräutern bepflanzt. Anlässlich einer Renovation der Konventbauten in den 1970er Jahren liess die Aargauer Denkmalpflege den Springbrunnen in der Mitte des Gartens anlegen sowie die damals vorhandenen Aprikosen- und Birnenspaliere und einige grosse Sträucher entfernen. Ausserdem wurden Beete aufgehoben, die direkt den Gebäudewänden entlangliefen. Zwei grosse Beete wurden durch acht kleinere ersetzt und anstelle der Einfassungen mit Holzbrettern Buchsränder gepflanzt. Trotz dieser recht kräftigen Reduzierung des Pflanzenbestands verleiht die Anlage dem relativ schmalen Hof zwischen den hohen Baukörpern immer noch eine willkommene Lebendigkeit. Wegen der besonderen Gestaltung zieht sie sicher von allen Gartenanlagen am meisten Aufmerksamkeit auf sich. Wie so oft, wenn an einem historischen Ort etwas Ungewohntes zu sehen ist, neigen viele Leute dazu, ihm besonders grosses Alter zuzuschreiben. Zur heutigen Form der Gestaltung kann es aber, wie wir gesehen haben, frühestens im 18. Jahrhundert gekommen sein, und es ist sogar zu vermuten, dass sie aus viel jüngerer Zeit stammt. Der Hof liegt innerhalb der Klausur, darf aber bei Klosterführungen von einem Fenster aus besichtigt werden.

Weitere, sehr umfangreiche Gemüse- und Blumengärten des Klosters liegen südlich des Konventtrakts, dort wo es nach alten Darstellungen schon um 1700 grosse Gärten gab. Schliesslich muss noch ein ehemaliger Garten zwischen der St.-Anna-Kapelle und dem «Kleinen Giessen», das heisst dem Mühlenbach, erwähnt werden. Dieser sonnige, grosse Garten musste wegen des Baus der Bäuerinnenschule in den 1940er Jahren aufgegeben werden. Die Schulbauten sind heute von gut gepflegten Ziersträuchern und Staudenbeeten umgeben.

Natürlich ist im Fahr auch Obst angebaut worden. Im 19. Jahrhundert hatte das Kloster Obstbaumalleen an der Limmat. Heute gibt es nur noch eine solche Allee weiter oben, südwestlich des Meierhofs. Mit Neupflanzungen von Bäumen wird sichergestellt, dass sie noch lange besteht. In den Wiesen in der Nähe des Klosters stehen die Hochstammbäume der guten alten Zeit, es gibt aber auch die heute bevorzugten Niederstammkulturen. Ausser den Obstbäumen bereichern grosse Linden, Ahorne, Pappeln und Thujas das Klosterareal.

Den Benediktinerinnen im Kloster Fahr ist für ihre schönen Gärten im Jahr 1995 der Aargauer Heimatschutzpreis verliehen worden.

Der Garten des Hauses zum Rechberg in Zürich

Das Haus zum Rechberg, das vornehmste Haus aus der Barockzeit in Zürich, ist nach elf Jahren Bauzeit 1770 eingeweiht worden. An der Gartenanlage wurde offenbar noch längere Zeit gearbeitet. Die Bauherrschaft, das Ehepaar Hans-Caspar und Anna Werdmüller-Oeri, konnte den teuren Stadtpalast aus dem grossen Textilgeschäft finanzieren, das die Frau in die Ehe gebracht hatte. Auch das Grundstück und das Haus, das vorher darauf stand, war ein Gut der Frau. Es lag in einer der Vorstädte Zürichs, ummittelbar ausserhalb der mittelalterlichen Befestigung. Hinter ihm gab es einen Garten, und dann stieg ein steiler Rebberg bis zum Fuss der Schanzen aus dem 17. Jahrhundert empor. Es war eine aussergewöhnliche Idee, diesen ganzen Hang mit Reben für die Gestaltung einer neuen repräsentativen Gartenanlage mit einzubeziehen. Bei einem Besuch des heute öffentlichen Gartens können wir uns leicht einen Begriff von den grossen Erdarbeiten machen, die notwendig waren. Ein sehr ausführlicher Stadtplan, den Ingenieur Johannes Müller in den Jahren 1788 bis 1793 aufgenommen hat, gibt guten Aufschluss über die spätbarocke Gestaltung.

Die gelbe Linie im mittleren Bildbereich zeigt die Position von 22 Bäumen, die nach einem Erneuerungsprojekt gepflanzt werden sollten. Dieses Projekt, das den Garten verkleinern und den Charakter völlig willkürlich verändern würde, stiess auf heftige Opposition von Quartiereinwohnern und von Fachleuten der Gartendenkmalpflege. Palais Rechberg, Zürich.

Rund einen Meter höher als der schmale Hof hinter dem Palais liegt das quadratische Hauptparterre mit einer Seitenlänge, die der Breite des Hauses entspricht. Eine fünf Meter hohe Stützmauer bildet den hinteren Abschluss. Zwei geschwungene, kurze Treppenläufe, die einen reich ausgestalteten Brunnen flankieren, führen vom Hof zu diesem Parterre empor. In spätbarocker Zeit gab es hier zwei grosse Broderiebeete, die mit Plates-Bandes eingefasst waren und wie heute noch einen kleinen ovalen Springbrunnen, hinten bei der dort zurückbuchtenden Stützmauer. Ferner befand sich – wie wir von einer Ansicht aus dem Jahr 1772 wissen – von Anfang an eine Orangerie auf der linken Seite. Sie ist dann allerdings später verändert worden.

Der Aufstieg zur ersten Terrasse über dem Parterre führte über einen Weg längs der rechten Seite mit zwischengeschalteten kurzen Treppen, ähnlich wie das heute noch der Fall ist. Zudem gab es noch die Möglichkeit, über verschiedene Treppen bei der Orangerie hinaufzusteigen. Man wundert sich, dass der Besucher vom grossen Parterre nicht auf elegantere, stilvollere Art auf die erste Terrasse und wieder zur Hauptachse geführt wurde, auf der er dann gerade hinauf zu einem Belvedere steigen konnte. So nüchtern wie jetzt war der Weg in spätbarocker Zeit allerdings nicht, denn rechts davon gab es noch vier Nebenterrassen mit schwungvoll ausgebauchten Stufenrändern, die ausser der ersten alle bepflanzt waren. Der Stadtplan von Müller zeigt auf der obersten der Nebenterrassen ein Broderiebeet. Das Gewächshaus, das diesen Gartenraum heute verstellt, wurde 1889 gebaut, aber schon 1864 und 1867 hatte man im unteren, hinteren Teil der bereits veränderten Nebenterrassen je ein kleineres Gewächshaus erbaut.

Die Aufteilung in ein grosses Parterre mit hohen Stützmauern und einen seitlich daneben und höher gelegenen Nebenbereich ist damit zu erklären, dass im Nachbarareal noch höher gelegene Terrassen vorhanden waren und andererseits sich schon der Garten des Vorgängerbaus im Bereich des Hauptparterres befunden hat, für den sicher auch schon Abgrabungen am Hang vorgenommen worden waren. Dieser Garten ist auf einer Planvedute aus dem Jahr 1738 zu erkennen.

Die erste Terrasse ob der hohen Stützmauer des Parterres und dem eben beschriebenen besonderen Gartenbereich daneben, war nur mit langen Plates-Bandes im vorderen Teil bepflanzt, in denen Zierbäumchen standen. Ein kleiner Pavillon am einen und eine Gartenlaube am anderen Ende der Terrasse zeigen, dass sie zum Aufenthalt und zum Promenieren bestimmt war. Über ihr folgten noch sechs weitere Terrassen, von denen nur die etwas breitere, erste Beete mit Plates-Bandes aufwies, alle übrigen hingegen allein zu hohen Spitzsäulen geschnittene Eiben. Die gleiche Zeichnung von 1772, auf der die Orangerie im ursprünglichen Zustand zu sehen ist, zeigt bei fast allen Eiben deutlich eine Kugel auf der Spitze, es handelte sich demnach um den damals üblichen zierlichen Formschnitt. Auf der obersten Terrasse stand am

Ausschnitt aus dem Plan Zürichs von Johannes Müller aus den Jahren 1788–93. Der Ausschnitt zeigt den Rechberggarten in seiner originalen Form und bei A den ehemaligen Schanzenwall, über den hinaus der Garten im 19. Jahrhundert erweitert worden ist. Grün eingezeichnet ist die Linienführung einer zwei Meter hohen Lattenwand mit parallel dazu geführter Hecke sowie der Standort von 21 zu Kugeln geschnittenen Obstbäumen, die ein Projekt zur Neugestaltung vorsieht. Wie gravierend der Garten eingeengt würde, zeigt die Abbildung auf S. 120, in die die Horizontlinie der geplanten Bäume eingetragen ist. Stadtarchiv Zürich.

Auf dem Parterre des historischen Rechberggartens werden seit einer Umgestaltung vor noch nicht langer Zeit Einjahresblumen am Laufmeter angepflanzt. Es geht offenbar nur darum, einen Überraschungseffekt zu erzielen. Die Dürftigkeit dieser Schau kann aber einen wirklichen Gartenfreund nicht täuschen, und er fragt sich, ob die fehlende Ausrichtung der monotonen Rechteckbeete auf die barocke Orangerie ein Versehen ist oder einfach dem Verlangen entspringt, mit der Gestaltung aufzufallen. Palais Rechberg, Zürich.

Ende des zentralen, breiten Aufgangs mit Treppen ein gemauerter Pavillon. Hinter ihm stieg ein steiler Grashang noch bis auf die Höhe des Schanzenwalles. Trotzdem ragte der Pavillon für alle, die aus dem Hof hinaufsahen, noch deutlich über den Horizont. Er war also ein wichtiger «point de vue», der die Hauptachse zu betonen half, die wegen des steilen Hangs von allen Orten im Garten nur sehr verkürzt in Erscheinung trat. Die meisten veröffentlichten Fotos des Rechberggartens sind von den Obergeschossen des Hauses aus aufgenommen und täuschen, wie auch die Pläne, eine Tiefenwirkung vor, die der Besucher des Gartens nicht erlebt.

Da das Palais Rechberg auch Handelshaus war, ist anzunehmen, dass die Treppenanlage mit dem Delphinbrunnen und das grosse Hauptparterre mit den Broderiebeeten nicht zuletzt dazu diente, bei den Geschäftsleuten Eindruck zu machen. Für einen gemütlichen Aufenthalt im Garten war die erste Terrasse über dem Parterre besonders geeignet, wo es die erwähnte Gartenlaube und den kleinen Pavillon gegenüber gab. Von dort hatte man einen schönen Blick aufs Parterre hinunter und hinüber in den Gartenraum mit den schwungvoll gebildeten Nebenterrassen. Vermutlich diente der ganze Garten über dem Hauptparterre vor allem dem vertrauten Familien- und Bekanntenkreis, was auch den wenig repräsentativen Aufgang zu diesem Teil erklären könnte. Zudem fällt auf, dass das Palais wenig Bezug auf den Garten nimmt. Die Haupträume liegen auf der Strassenseite, die Mitte zwischen den beiden Flügeln der Hinterseite, also der Ort, von wo man den schönsten Blick in den Garten hat, besetzt das Treppenhaus und zwei Ausgänge in den Hof sind nicht so gestaltet, als ob sie zu einem repräsentativen Aussenraum führten. Man fragt sich, ob bei der Planung des Hauses die Anlage des grossen, reichen Gartens noch gar nicht vorgesehen war.

Um 1844 konnte der damalige Besitzer das oben an den Garten anschliessende Land der Schanzen erwerben, die man zu jener Zeit abgetragen hat, und sechs Jahre später wurde der Garten umgestaltet. Die zweit-, dritt- und viertoberste Terrasse wurden auf zwei reduziert und aus einem Stück des Schanzenwalls, das stehen gelassen worden war, eine Aussichtsplattform gemacht. Das Parterre und die erste Terrasse sowie der Bereich der obersten Terrasse am Fuss der Aussichtsplattform erhielten Beete mit mannigfaltigen, gerundeten Konturen und eine freie Bepflanzung im Landschaftsgartenstil, die übrigen Flächen vorwiegend eine rechteckige Beeteinteilung.

1936/37 fand eine Restaurierung des Palais statt, das seit 1899 mit allen Nebengebäuden in staatlichem Besitz stand. Die Restaurierung war Anlass, sich auch um den Garten zu kümmern, der schon lange nach keinem richtigen Gestaltungskonzept mehr gepflegt worden war. Die bekannten Gartenarchitekten Gebrüder Mertens und der Kunsthistoriker Prof. Josef Zemp empfahlen den barocken Zustand zu rekonstruieren und spätere, störende Zutaten wie das Gewächshaus von 1889 zu entfernen. Es kam dann aber – wohl um Kosten zu sparen – nur zu einer teilweisen Wiederherstellung. Auf dem Parterre wurden keine Broderiebeete eingerichtet, die Verlegung des Gewächshauses unterblieb und damit auch die Wiederherstellung der einstigen Nebenterrassen. Die Bepflanzung des übrigen Gartens erfolgte nicht in der Art des Spätbarocks, und auf eine Wiedererrichtung des Pavillons auf der obersten Terrasse wurde verzichtet. 1958 wurden die vielen Bäume im obersten Teil der Anlage gefällt und die letzten Reste des ehemaligen Schanzenwalls abgetragen. Die Veränderung war mit dem Argument verfochten worden, man könne an dessen Stelle eine neue Aussichtsplattform als «bekrönenden Abschluss» des Rechberggartens gestalten, es kam dann aber doch nicht dazu. 1961 wurde als Abschluss des Aufgangs mit Treppen die heutige einfache Aussichtskanzel angelegt.

Die grosse gartendenkmalpflegerische Bedeutung des Gartens liegt darin, dass hier trotz Veränderungen die spätbarocke Raumwirkung noch immer erlebt werden kann. An die Stelle des fehlenden, grünen Schanzenwalls sind Bäume getreten. Der Blick zum sogenannten Bodmerhaus neben der Universität, selbst ein wichtiges Denkmal aus dem 17. Jahrhundert, ist nach wie vor frei. Die modernere Bebauung der Nachbarareale tritt nicht erdrückend in Erscheinung, und man kann sich die einstige Lage am Hang mit vielen andern Ziergärten und Reb-

Die bunten Töpfe mit den Platten darunter lassen jedes Feingefühl für die historische Anlage vermissen. Sie sprechen nach dem Gestalter, der sie bei einer teilweisen Erneuerung des Gartens aufstellen liess, die «Sprache unserer Zeit». Ist der Rechberg-Garten der Ort, wo man diese Sprache sprechen soll? Palais Rechberg, Zürich.

bergen noch immer recht gut vorstellen, insbesondere da ausser dem Bodmerhaus in geringer Entfernung noch andere Häuser aus der Barockzeit erhalten geblieben sind und auf einem Spaziergang erkundet werden können. Es ist aufschlussreich zu sehen, was für einen Garten sich die vornehmsten Kreise im patriarchalischen Zürich des 18. Jahrhunderts leisten konnten und welche Pracht zur Schau gestellt wurde. Es fällt auf, dass beim Rechberg reiches Schmiedeisenwerk und Schmuck mit Skulpturen ganz auf den gut einsehbaren Hofraum beschränkt blieb.

Verbesserung oder Verunstaltung

Eine Instandstellung und gestalterische Verbesserungen des Gartens sind schon lange Gegenstand von Diskus-

Die pseudo-historische Bepflanzung mit Buchs und Eiben in der alten, zum Gartendenkmal erklärten Anlage weckt beim Publikum den falschen Eindruck, es handle sich um eine Rekonstruktion des barocken Zustands. Palais Rechberg, Zürich.

sionen, weil ein Projekt des Kantons die räumlichen Verhältnisse und den Charakter des Gartens völlig zu verändern droht. Statt die für den Spätbarock typische Offenheit zur Umgebung zu bewahren, soll nach dem Projekt der Garten durch eine zwei Meter hohe Lattenwand und eine Lindenhecke oben und seitlich willkürlich stark beschnitten und ein der ganzen einstigen Gestaltungsidee widersprechender, abgeschlossener Raum geschaffen werden, zudem ist geplant, die oberste alte Terrasse durch Abgrabung des Hanges zu verbreitern und mit über zwanzig Obstbäumen zu beschatten. Die Obstbäume würden den Horizont weit nach unten in den barocken Gartenraum selbst verlegen, und die deutliche Unterscheidung zwi-

schen einem reichen Vorder- und einem ruhigen Hintergrund würde aufgehoben. Es geht leider, wie bereits erfolgte Eingriffe im unteren Teil zeigen, nicht darum, das Gartendenkmal wieder besser zum Sprechen zu bringen, sondern in eigener, eigenwilliger Art zu inszenieren.

Einst die grösste öffentliche Anlage in der Schweiz

In Zürich, dort wo die beiden Flüsse Sihl und Limmat zusammenfliessen, liegt der Platzspitzpark. Es handelt sich um den untersten Teil eines grossen Geländes vor den ehemaligen Stadtmauern, das schon im Mittelalter als Weide, dann auch für Schiessübungen, für die berühmten Schützenfeste, für militärische Übungen und Musterungen und andere Veranstaltungen diente. Im letzten Viertel des 17. Jahrhunderts liess die Schützengesellschaft auf eigene Kosten längs den Flussufern Lindenalleen pflanzen, die an der Sihl noch weit aufwärts reichten. In den Alleen waren Ruhebänke aufgestellt. Der Platzspitz wurde damit zu einer bei der vornehmen und kulturell führenden Schicht Zürichs sehr beliebten Promenade. Johann Conrad Fäsi erwähnt in seiner Beschreibung der Schweiz von 1765, dass vielgereiste Leute immer wieder versicherten, es seien in Europa ähnlich prächtige Spaziergänge nur in kleiner Zahl anzutreffen. Verschiedene Berichte erwähnen, dass Johann Jakob Bodmer, der im 18. Jahrhundert zu den führenden Geistesgrössen Europas zählte, auf dem Platzspitz «mit seinen Freunden und Schülern seine der freien Besprechung literarischer, ästhetischer und politischer Fragen gewidmeten Zusammenkünfte» abgehalten hat. Der Schilderung in Gottfried Kellers Novelle «Der Landvogt von Greifensee», wo sich eine etwas mutwillige promenierende Mädchengruppe geschickt in ihren Bewegungen durch die Alleen immer wieder mit Bodmer und seiner jungen Studentenschar zu

Ausschnitt aus dem Plan von
J. Müller aus den Jahren 1788–93,
der die ursprüngliche Platzspitzanlage zwischen den Flüssen zeigt.
Alle Bäume sind mit Signaturen,
die ihre Art angeben, genau eingezeichnet. Müller übernahm offensichtlich diesen Teil des Plans einer
von J. Feer etwas früher durchgeführten Planaufnahme des Gebiets
(vgl. S. 91). Die bogenförmige
Linie von Rosskastanienbäumen
entspricht im Verlauf dem aktuellen
Kastanienrund. Platzspitzpark
Zürich.

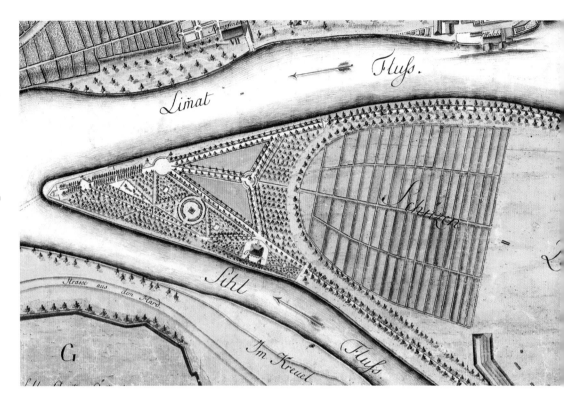

treffen weiss, scheint allerdings das Bild des Platzspitzes
zu Grunde zu liegen, wie es sich erst nach der 1780 erfolgten Umwandlung in einen Park darstellte. Bis dahin war
es vor allem die Führung der Alleen längs der Flussufer
und die Aussicht über die Flüsse, die den Platz so angenehm machen.

Mit der Ausgestaltung des Platzspitzes zu einem Park
bekamen die Zürcher die grösste öffentliche Parkanlage
in der damaligen Schweiz. Obwohl in Wirklichkeit die
öfters zitierte Aussage des Dichters Graf F.L. Stolberg,
dass der Einsatz von Grossmut und Patriotismus zeuge,
gar nicht den Platzspitz, sondern die etwas früher einge-
richtete Hohe Promenade betraf, war Zürich mit Recht

stolz auf das Werk, es hatte ja weder Monarch noch Fürst,
der mit andern um die Verschönerung seiner Residenz
mit Parkanlagen wetteiferte. In einem 1786 in Zürich veröffentlichten Gedicht wird der angeblich herrschende
freiheitliche Geist mit verschiedensten Hinweisen auf
den Platzspitz besungen, so zum Beispiel in der Strophe:
«Doch an der Limmat Strand, in hoher Linden Schatten,
Sieht man die Alter sich, so wie die Stände gatten:
Im bunten Wirrwarr wird man sie hier wimmeln sehn,
Lenz, Winter, Sommer, Herbst vermengen sich hier schön.»

Über die Anlage, die von Zunftmeister Johann Caspar
Fries projektiert worden ist, sind wir durch einen Plan

von Ingenieur Johann Feer bestens unterrichtet. Jeder Baum ist mit einer Signatur, die die Art kennzeichnet, genau eingezeichnet sowie die Standorte von Gebüschen vermerkt. Die vielseitige Auswahl der Pflanzen und ihre Gruppierung verrät, dass Zunftmeister Fries im Geist des englischen Landschaftsgartenstils gestaltete. Es wurden nebst bereits vorhandenen Linden und Weiden, Ahorne, Akazien, Birken, Buchen, Eschen, Faulbäumen, Lärchen, Platanen, Rosskastanien, Ulmen, verschiedene Pappelarten, Tannen und andere Nadelhölzer sowie Tulpenbäume gesetzt. Einige der Bäume aus der Gründungszeit des Parks stehen heute noch. Die reiche Pflanzenwahl korrespondierte mit einer Vielfalt von Parkräumen verschiedener Grösse und Lichtverhältnisse. Es gab zwischen den von Bäumen gesäumten Wegen offene Wiesen, dicht bepflanzte Boskette sowie runde Ruhe- und Aussichtsplätze. Die Stimmung änderte von Ort zu Ort. Ansichten des frühen 19. Jahrhunderts von den andern Flussseiten her zeigen, dass der Park auch von aussen ganz den Eindruck einer landschaftlichen Anlage machte. Besonders eindrücklich sind dabei die Gruppen der damals beliebt gewordenen Säulenpappeln.

Auf den ersten Blick macht der Plan des Parks allerdings keinen landschaftlichen Eindruck. Das beruht zum Teil darauf, dass gegen die Stadt hin in Reihen angeordnete Pflanzgärten eingerichtet worden waren und zwischen diesen Gärten und dem eigentlichen Park noch eine Stück der Anlage als Baumschule diente, durch die man auch promenieren konnte. Es ist aber auch festzustellen, dass die für Anlagen im englischen Landschaftsgartenstil charakteristischen, bogenförmig geführten Wege fehlen. Möglicherweise spielten Erinnerungen des Projektverfassers Fries an französische Gärten aus seiner Zeit als Offizier in französischen Diensten bei der Parkgestaltung auch eine Rolle, allerdings höchstens eine

kleine, denn dem Ganzen liegt keine hierarchische und der Symmetrie verpflichtete Ordnung zugrunde. Wir wissen auch nicht, wie weit Fries Vorgaben gemacht worden sind und ob er auf vielfältige Wünsche Rücksicht nehmen musste.

Beschreibungen Zürichs aus der ersten Hälfte des 19. Jahrhunderts, zum Beispiel Murrays Reiseführer, der 1838 in London erschien, wandten ihre Aufmerksamkeit

Dem von seinen Zeitgenossen in ganz Europa verehrten Idyllen-Dichter und Maler Salomon Gessner (1730–1788) wurde 1792 im Platzspitz, wo er zu spazieren liebte, dieses Denkmal gesetzt. Es war lange Zeit ein Anziehungspunkt für seine Verehrer und wurde von Fremden, die nach Zürich kamen, viel besucht. Platzspitzpark Zürich.

nun aber dem Platzspitz nicht in erster Linie wegen des Parks zu, sondern wegen des Denkmals für den Dichter und Maler, Salomon Gessner, das 1792 im zentraleren Bereich der Anlage errichtet worden war, dort wo es noch jetzt steht. Allerdings fehlen heute die Rosenstöcke, die das Denkmal umgaben, die Ruhebänke und das Rund von Ahornbäumen, mit denen das Ganze zu einer Gedenkstätte wurde, wie sie die Reisenden der Frühromantik gerne besuchten. Der Platzspitz war gewählt worden, weil nach verschiedenen Zeugnissen seiner Freunde die dortigen Alleen längs der Flüsse der Ort seines Lieblingsspaziergangs waren. Der Gräfin de Genlis soll er im Sommer 1775 anvertraut haben, dass er dort seine Idyllen geträumt habe, die im Jahr 1756 veröffentlicht worden waren. Nicht Erlebnisse in ferner Einsamkeit der Natur führten also Gessner zu seinen Werken, die eine so grosse Wirkung in ganz Europa entfalten sollten, sondern Träumereien in Zürichs schöner Platzspitzpromenade.

Nach der Abtragung der Schanzenbefestigung in den 1830er Jahren folgte eine rasche Entwicklung der Stadt, was sich für das Platzspitzareal zunächst negativ auswirkte. Wegen des 1847 am stadtnahen Ende der bürgerlichen Pflanzgärten errichteten Bahnhofs geriet es etwas ins abseits, weit schlimmer war jedoch der Bau eines Gaswerks in den Bürgergärten selbst, das 1856 den Betrieb aufnahm. Der Standort dieses Werks war auch deshalb verfehlt, weil es einen Gestank verbreitete, über den sich das Publikum sehr beklagte. Schon nach elf Jahren wurde die Gasfabrik in einen damaligen Vorort verlegt, und der Stadtrat bemühte sich um eine Aufwertung des Platzspitzparkes, der bis dahin nicht verändert worden war. Ein erstes Projekt des Stadtgärtners Rudolf Blattner für eine völlig neue, sehr reiche Gestaltung im landschaftlichen Stil mit vielen Ruheplätzen, einem Teich, Spielplätzen für Kinder, einem chinesischen Pavillon und einer

Reitbahn wurde abgelehnt. Blattner vereinfachte es deshalb sehr. Ein Reitweg wurde realisiert, weil sich die Pferdefreunde an den Baukosten beteiligten, und aus dem ersten Projekt eine grosse ovale Spielwiese übernommen, die an den Ort der ehemaligen Pflanzgärten zu liegen kam. Eine Spielwiese war etwas ganz Neues: in den öffentlichen Anlagen hatten den Kinder bisher nur Kiesplätze zur Verfügung gestanden.

Die neue Anlage hatte keinen sehr langen Bestand und wurde offensichtlich auch nicht ganz fachgerecht gepflegt, denn 1879 monierte der über die Landesgrenzen hinaus bekannte Zürcher Gartenarchitekt Otto Froebel in einem Bericht, dass zugewachsene Durchblicke wieder geöffnet und zu dem Zweck auch einige alte Bäume gefällt werden müssten. Wirklich genügende Verbesserungen wurden dann aber nicht vorgenommen. Als jedoch der Platzspitz als Ort der ersten schweizerischen Landesausstellung von 1883 gewählt wurde, kam man um Änderungen nicht herum, freilich keineswegs nur diejenigen, die Froebel zum Wohl des Parks empfohlen hatte. Fast nur die Allee längs der Limmat blieb unberührt, obwohl man bemüht war, den Parkcharakter des Geländes zu bewahren. Es wurden viele Beete angelegt und mit üppigen Blattgruppen bepflanzt. Vor der Ausstellungshalle der Industrie, die den Bereich des heutigen Landesmuseumsgebäudes einnahm, lag ein grosses Brunnenbecken mit mächtiger Fontäne und auf der gleichen Achse etwas weiter hinten ein eleganter Musikpavillon. Das untere Ende des Areals hatte offenbar schon vor der Landesausstellung eine Änderung erfahren, die jede Parkgestaltung beeinflussen musste: Die Ufer der beiden Flüsse waren etwas verlegt worden, sodass der Spitz nun rund 30 Meter weiter westlich als zur Zeit der ursprünglichen Anlage lag und das Ganze eine etwas stärker gebogene Form bekam.

Würde das heutige Erweiterungsprojekt für das Landesmuseum verwirklicht, ginge die wertvolle Einheit von historistischer Museumsarchitektur und Park verloren. Der grosse Innenhof wäre nicht mehr gegen die Platzspitzanlage geöffnet, und die breite Freitreppe, der halbrunde Platz sowie die langen Wasserbecken mit Fontänen würden verschwinden. Das heutige Gebäude sähe man vom Park aus nicht mehr, und die beiden Ginkgos stünden unmittelbar vor den Fassaden der Neubauten, verlören also ihre Funktion für den Park. Platzspitzpark Zürich.

Die Anlage ist durch projektierte Erweiterungsbauten des Schweizerischen Landesmuseums gefährdet. Die Linie, auf die die Fassaden eines langen Zugs hoher Neubauten zu stehen käme, ist rot eingezeichnet. Das ganze Areal rechts dieser Linie würde unter Gebäuden verschwinden. Platzspitzpark Zürich.

Für die unbefriedigende Situation vor dem gegen den Park offenen Innenhof fand Architekt Gull – möglicherweise in Diskussion mit dem renommierten Landschaftsarchitekten Evariste Mertens, der für die Gestaltung des Eingangshofes auf der Bahnhofseite und den Bereich zwischen Museumsbau und Sihl zugezogen wurde – eine einfache und überzeugende Lösung. Er verzichtete auf das Bassin mit der Fontäne, legte eine breite Freitreppe an, die vom Innenhof auf das Niveau des Parks hinunterführt, und liess den restlichen Teil des halbrunden Platzes frei. Links und rechts des Platzes kamen vor die Flügel des neuen Museumsbaus langrechteckige Seerosenbecken mit Springbrunnen zu liegen. Der hinter dem Scheitel des Platzes liegende Musikpavillon wurde versetzt, die zwei Beete daneben zu einem einzigen zu-sammengeschlossen und damit auf einen in der Richtung der Gebäudehauptachse weiterführenden Weg verzichtet. Mit der Pflanzung von zwei Ginkgos am parkseitigen Rand des halbrunden Platzes wurde der Raum abgeschlossen. Die Ginkgos sind zu schönen Bäumen herangewachsen. Manche der Rosskastanienbäume, die bei der Eröffnung des Landesmuseums schon fast 120 Jahre alt waren, mussten aber bereits wenige Jahre später gefällt werden. Das entsetzte Publikum wurde von den Fachleuten in der Presse darüber aufgeklärt, dass die Bäume ersetzt würden und dass ein solcher Vorgang normal sei und durchaus zur Pflege eines Parks gehöre.

In neuerer Zeit hat der Platzspitzpark sehr gelitten. Zunächst machten sich Alkoholiker in der Anlage breit, dann wurde sie zum Treffpunkt von Homosexuellen, und

Der Bogen von Rosskastanienbäumen, der ursprünglich Pflanzgärten um-
schloss, ist erneuert worden, verläuft aber noch immer an derselben Stelle
wie im 18. Jahrhundert. Platzspitzpark Zürich. Foto: R. Michel, Zürich.

schliesslich hausten Drogensüchtige Tag und Nacht im
Park und richteten immer mehr Schäden an. Als die Dro-
genszene endlich aufgelöst wurde, war die Anlage völlig
verwüstet. 1992 begann die Wiederherstellung mit der
einschneidenden Bedingung, dass der Park innerhalb eines Jahres wieder dem Publikum zu öffnen sei. Trotzdem
gelang es dem Gartenbauamt der Stadt, den Park wieder
zu einem gepflegten, viel besuchten Erholungsort zu machen. Sehr viel weniger erfreulich ist, dass heute der Platzspitz schon wieder bedroht ist. Das Landesmuseum plant
riesige Erweiterungsbauten, die bei den Seerosenbecken,
also gerade dort, wo sich der Park in grösster Weite öff-

net, einen Riegel bilden und fast von der Limmat bis zur
Sihl reichen würden. Von den Rosskastanien, die an die
Ursprungszeit des Parks erinnern, müssten gut zwei
Drittel wegfallen, und der ganze anschliessende Park
müsste umgekrempelt werden, da das Wegsystem nicht
mehr im Einklang mit den neuen Verhältnissen stünde.

Der Platzspitz ist eine wertvolle Erholungszone und
ein Gartendenkmal von hohem Rang. Er erinnert an po-
litische, soziale und kulturelle Zustände und Begebenhei-
ten vom Mittelalter bis zur jüngsten Zeit. Alte Bilder und
historische Nachrichten, so beispielsweise von militäri-
schen Musterungen oder vom ersten Bahnhof von 1847

werden lebendig, weil wir sie anhand des markanten Spitzes, den Alleen an den Flussufern oder dem auffälligen Bogen von Rosskastanien leicht im heutigen Stadtbild lokalisieren können. Von vielen berühmten Personen ist bekannt, dass sie gerne im Platzspitzpark verweilten. Ausser den schon Erwähnten wäre aus moderner Zeit vor allem James Joyce zu nennen. Auch wer nicht durch den Park geht, freut sich am prächtigen Bild der Uferalleen, die jenseits von Sihl und Limmat zu sehen sind.

Zurück von der Tabakplantage in Sumatra

Der Park der Villa Patumbah liegt an einem sonnigen Südwesthang in Zürich-Riesbach.

Adresse: Zollikerstrasse 120, 8008 Zürich. Die Anlage ist dem Publikum frei zugänglich, und im Park werden ab und zu Führungen veranstaltet.

Der Bauherr, Karl Grob-Zundel, war ein gebürtiger Riesbächler, Sohn eines Kleinbäckers, der zuerst nach Italien auswanderte und schliesslich etwa zehn Jahre als Pflanzer in Deli auf Sumatra tätig war, bevor er in die Schweiz zurückkehrte und sich in der alten Heimatgemeinde vom Architekturbüro Chiodera und Tschudy eine prächtige Villa planen liess. Mit dem Bau wurde 1885 begonnen und dann bis 1891 die Villa samt Nebengebäuden und Park vollendet. Auf der Fassade der Villa steht der Name Patumbah, nach der Ortschaft Patoembah, wo Grobs Tabakplantage lag. Stilisierte Tabakpflanzen in Ziervasen sind auf die Fassade gemalt sowie im Mosaik des Bodens im Eingangskorridor dargestellt. Zur Planung des Parks zog Grob den bekannten Gartenarchitekten Evariste Mertens bei. Noch mehr als der Bauherr interessierte sich aber seine Frau Anna für Gärten und Pflanzen. Der Park hatte für sie – besonders nach dem nur ein paar Jahre nach dessen Fertigstellung eingetretenen Tod ihres Mannes – grosse Bedeutung.

Die reiche Fassade der Villa Patumbah und das prächtige Gitter, das der Strasse auf lange Strecke entlangzieht, weckt die Erwartung, hier auch eine interessante Parkanlage vorzufinden. Tatsächlich wurde bei der Einrichtung des Parks nicht gespart und eine sehr gut konzipierte, grosszügige Anlage verwirklicht. Der südliche Teil des Parks ist dank einer Volksinitiative in den 1980er Jahren von einer Teilüberbauung verschont geblieben und heute öffentlich zugänglich. Patumbah-Park, Zürich-Riesbach.

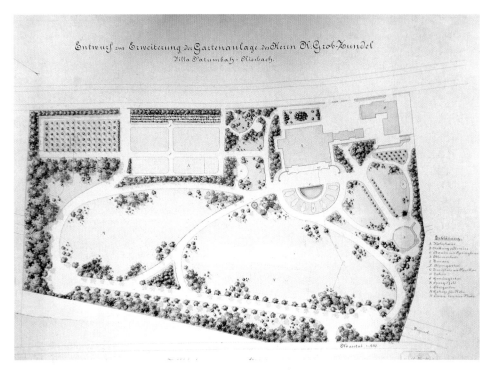

Der schöne, aquarellierte «Entwurf zur Erweiterung der Gartenanlage des Herrn K. Grob-Zundel» datiert vom 13. Dezember 1890. Offensichtlich wurde er vom Auftraggeber gutgeheissen, da der damit identische «Schlüsselplan für die Bepflanzung» das Datum vom 27. Mai des folgenden Jahres trägt. Auf einem dritten, unkolorierten, aber sonst entsprechenden Plan sind Messpunkte, Geländeprofile und weitere für die Ausführung der Anlage wichtige Informationen eingetragen. Patumbah-Park, Zürich-Riesbach, Amt für Städtebau Zürich.

Die Anlage gehört stilistisch zur Spätphase des Landschaftsgartenstils, für die kennzeichnend ist, dass verschieden gestaltete Bereiche, zum Teil auch solche mit Zügen des sogenannten «geometrischen» Stils, zu einem Ganzen gefügt worden sind. Im Patumbah-Park gibt es einen Alpengarten und eine kurze, von Hochstammrosen gesäumte Allee, die zu einem grösseren Gartenpavillon führt, der ein wenig fernöstlich anmutet. Ferner fand man einst im Park eine Voliere, einen Turnplatz mit einem kleineren Pavillon, eine Rosskastanienallee unten an der Mühlebachstrasse, ein Gehege für Rehe, einen Lawn-Tennis-Platz und einen grossen Nutzgarten. Die Rosskastanienallee mit runden Ruhe- und Spielplätzen an ihren Enden, die geradlinige und symmetrische Gestaltung des Vorgartens sowie die Platzie-

rung eines halbrunden Springbrunnenbeckens auf die Hauptachse der Villa sind Elemente des erwähnten «geometrischen» Stils.

Die Villa, die Stallung mit dem Remisengebäude sowie eine Galerie zwischen der Villa und dem Remisenhof liegen oben am Hang an der Zollikerstrasse. Zwischen der Strasse und den Bauten gibt es nur einen relativ kleinen Eingangshof. Da die Gebäude aber nicht in gleicher Flucht stehen, wirkt dieser Raum grösser als er ist. Die verspielte Landschaft von Dächern auf verschiedener Höhe und aus verschiedenen Materialien trägt zur reichen Stimmung dieses Entrees, wie man damals sagte, bei. Ein Rasenteppich mit zwei Skulpturen und den damals noch seltenen Rhododendrons vor symmetrisch gepflanzten, säulenartigen Koniferen verlieh dem Eingangs-

Vor der parkseitigen Fassade der Villa gibt es ein halbrundes Bassin mit vier echten, riesigen Muschelschalen im Zentrum, aus denen der Wasserstrahl des Springbrunnens emporsteigt. Patumbah-Park, Zürich-Riesbach.

bereich eine vornehme Note. Das besonders prächtige, hohe gusseiserne Gitter mit imposanten Toren ist leider nur teilweise erhalten geblieben.

Da die Gebäude in der nordöstlichen Ecke des ganzen Grundstücks erstellt worden sind, blieb der grosse Rest für eine durch nichts eingeschränkte Parkgestaltung frei, zudem war der hausnahe Teil des Parks in erhöhter, war-

mer Lage von der Strasse, dem Verkehr und den Blicken der Passanten abgeschirmt und geschützt. Die Stellung der Bauten entsprach der damals für städtische Grundstücke empfohlenen Regel.

Vom Terrassenvorbau auf der Parkseite führten zwei symmetrisch angeordnete, geschwungene Freitreppen auf einen bekiesten Platz hinunter. Vor diesem Platz

Der nördliche Teil des Parks verlieh der Anlage einst die Weite und den notwendigen Kontrast zum reicheren, ornamentaler gestalteten, villennahen Areal. Heute präsentiert sich dieser Teil in einem leicht verwilderten und partiell zu dicht zugewachsenen Zustand. Patumbah-Park, Zürich-Riesbach.

war ein halbrundes Bassin mit Springbrunnen angelegt worden. Der Strahl dieses Brunnens stieg aus einer Gruppe von sogenannten Grottensteinen und vier riesigen, echten Muschelschalen empor. Auf der leicht abfallenden Aussenseite des halbrunden Bassins gab es im Rasen eine fächerförmige Komposition von Blumenbeeten. Ein weiteres, ovales Blumenbeet befand sich östlich davon. Alte Fotografien zeigen, dass der Rasen in der Nähe der Villa manchmal recht hoch und nicht sehr eben geschnitten worden war. Möglicherweise wurde das Gras noch mit der Sense gemäht, denn auf einen sammetartigen Rasen legte man damals kein besonders grosses

Gewicht. Ein «naturnaher» Rasen stand durchaus im Einklang mit den Grundideen der Landschaftsgartenbewegung, und Rasenmäher wurde noch nicht so häufig benützt, obwohl sie schon 1830 in England erfunden worden waren. Grob war allerdings moderner Technik gegenüber sehr aufgeschlossen, denn er liess nicht nur in der Villa, sondern auch im Park eine elektrische Beleuchtung einrichten, die erste in einer Aussenanlage in der ganzen Stadt Zürich.

Der Lawn-Tennis-Platz und der Turnplatz künden vom bereits wachen Interesse für körperliche Ertüchtigung und für Bewegung im Freien. Der erste Tennisplatz war ein Rasenplatz, wie der Name andeutet, und kleiner als das später an der Mühlebachstrasse angelegte Tennisfeld. Er liess sich praktisch unbemerkbar ins Parkbild einfügen.

Bei der Bepflanzung der Gärten und Parks achtete man damals sehr auf Vielfalt, vor allem bei der Wahl der Bäume. Die Gartenkenner wussten sehr wohl zu erkennen, was ein Meister gestaltet hatte und wo nur jemand mit durchschnittlichen Fähigkeiten am Werk war. Die verschiedenen Gehölze mussten unbedingt in Form und Farbe auf einander abgestimmt sein, und Evariste Mertens, der Gartenarchitekt des Patumbah-Parks, beschäftigte sich stark mit diesem Problem der harmonischen Gestaltung. Bei den Bäumen galt es vor allem eine ausgeglichene Wahl zwischen Laub- und Nadelhölzern zu treffen. Den dunklen Koniferen kam bei einer städtischen Anlage eine besonders wichtige Rolle zu. Sie ermöglichten auch im Winterhalbjahr, die Blicke der Hausbewohner in Richtung der reizvollsten Aussichten in die umliegende Landschaft zu lenken und andererseits alles Störende der näheren oder ferneren Umgebung zu verdecken. Der Engländer Humphry Repton (1752–1818), einer der grossen Pioniere des Landschaftsgartenstils, war übrigens der Meinung, dass die Ausblicke aus den Fenstern des Hauses die wichtigsten seien. Mit einer dichten Bepflanzung längs des Parkrands konnte der Eindruck einer eigenen friedlichen Welt hervorgerufen werden.

Bis zum Ersten Weltkrieg gehörte praktisch zu jeder privaten Parkanlage ein Nutzgarten. Man hielt die alte Tradition der Eigenproduktion hoch und wollte wirklich frisches Gemüse und Obst essen und seinen Gästen auch einmal eine Besonderheit servieren können, etwas das nicht ohne weiteres auf dem Markt gekauft werden konnte. Frau Grob hatte ausser dem eigenen Obst- und Gemüsegarten ein spezielles Spargelfeld sowie einen mit Weinreben berankten Laubengang.

Dem pavillonartigen mittleren Teil des Verbindungsgangs zwischen der Villa und der Remise kommt im Park die Rolle eines «point de vues» zu. Patumbah-Park, Zürich-Riesbach.

Ein Lehrstück, wie man die für Gartengestaltungen oft schwierige Hanglage ausnützen kann. Die Stauden präsentieren sich an der Böschung neben dem Weg viel vorteilhafter, als wenn das Terrain eben wäre. Patumbah-Park, Zürich-Riesbach.

Anna Grob hinterliess die Villa und den Park dem Diakoniewerk Neumünster, das später mehr als die Hälfte des Geländes an Private veräusserte. Der dem Diakoniewerk verbliebene südliche Teil mit der Villa wurde 1977 von der Stadt Zürich erworben, die dann beabsichtigte, das Gelände einem Verein für den Bau von privaten Alterswohnungen abzutreten. Dank einer Volksinitiative «Pro Patumbah-Park» konnte dieses Bauvorhaben im Jahr 1985 verhindert und der südliche Parkteil zur Freihaltezone gemacht werden. Im Jahr 1990 fand eine aufwändige Sanierung statt, die diesem städtischen Teil wieder zu einem gewissen Glanz verhalf. Zur vollen Geltung käme der Park aber nur, wenn manche nicht so sorgfältig studierte oder ausgeführte Einzelheit korrigiert und vor allem auch der grosse nordwestliche Teil wieder hergestellt und mit dem südöstlichen zusammengeschlossen würde. Ohne den nordwestlichen Teil mit seinen grossen

offenen Flächen und den umschliessenden Bäumen und Sträuchern vermag die Anlage keinen Eindruck von einem Landschaftspark zu geben. Zurzeit drohen aber Pläne für Neubauten, die die Wiedervereinigung der Teile zu einem Ganzen zunichte zu machen. Kommt die lange angestrebte Rettung nicht zustande, verliert eine einzigartige Parkanlage in der Schweiz ihren Wert. Es wird leider immer seltener, dass eine Villa mit ihrer gesamten, ursprünglichen Parkfläche erhalten bleibt.

Es «freut sich die ganze Bevölkerung über diesen Platz»

Die Bäckeranlage gehört zu den Quartierpärken, wie sie im späten 19. Jahrhundert in allen rasch wachsenden Städten entstanden. Man wollte Erholungsräume für die Einwohner schaffen, die sich keine eigenen Gärten leisten konnten. Auch sie sollten die Möglichkeit haben, sich im

Die 1938 neu gestaltete Bäckeranlage in Zürich ist ein Beispiel eines im Wohngartenstil angelegten öffentlichen Parks. Das Bild zeigt den mittleren Teil mit der grossen Liege- und Spielwiese. Der schön geführte, typische Plattenweg kommt in dieser Ansicht allerdings nicht richtig zur Geltung. Bäckeranlage, Zürich-Aussersihl.

Grünen, an der Sonne oder im erquickenden Schatten von Bäumen zu erholen. Die im Jahr 1893 mit Zürich vereinigte Gemeinde Aussersihl war, was Grünzonen betrifft, besonders benachteiligt. Sie hatte mehr Einwohner, als die Stadt selbst, und der Bevölkerungszuwachs war hier in den vorangegangenen Jahrzehnten um ein Mehrfaches grösser gewesen als in allen weiteren zehn damals

mit Zürich vereinigten Gemeinden. Im schon recht dicht besiedelten Arbeiterquartier setzte sich nun auch mehr und mehr die Blockrandbebauung durch, die nur noch in den Hinterhöfen etwas Grün zuliess. Die heutige Lutherwiese hinter der Jakobskirche war damals noch Friedhof, und der grosse begrünte Exerzierplatz der im Jahr 1875 erstellten Kaserne stand der Quartierbevölke-

Das Projekt von Alfred Usteri für die Gestaltung der Bäckeranlage in Zürich stellt in seiner Regelmässigkeit und Symmetrie ein typisches Beispiel einer städtischen «Schmuckanlage» des späten 19. Jahrhunderts dar. Im Ausland waren solche Schmuckplätze viel beliebter als in der Schweiz. Zürich-Aussersihl, BAZ.

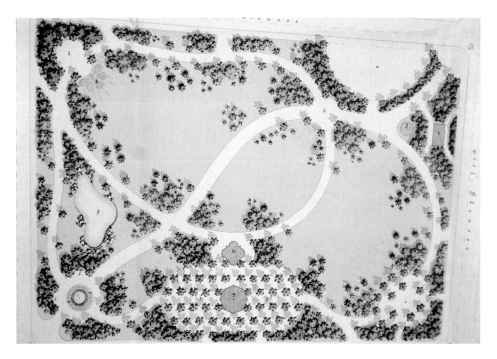

Otto Froebel hat für die gleiche Anlage ein Projekt im Landschaftsgartenstil entworfen. Es wirkt mit den verschiedenen, asymmetrischen Rasenflächen und den dichter bepflanzten Partien viel lebendiger als Usteris Entwurf. Am linken Bildrand oben ist ein Sitzplatz mit einen vorgelagerten, grossen, sechsteiligen Teppichbeet zu sehen, weiter unten ein kleiner Teich mit unregelmässigen Konturen und in der unteren linken Ecke ein von Blumenbeeten umgebener Springbrunnen.
Zürich-Aussersihl, BAZ.

rung natürlich nicht als Erholungsraum zur Verfügung. Es war wichtig, dass die Aussersihler einen Park bekamen.

Ein noch unüberbautes Areal zwischen Feld-, Hohl-Kern- und Stauffacherstrasse wurde von der Stadt für einen Quartierpark ausersehen und 1895 Vorschläge zur Gestaltung bei drei bekannten Gartenarchitekten eingeholt. Das Projekt von Alfred Usteri sah einen städtischen Schmuckplatz von ovaler Form, geraden Alleen und symmetrisch platzierten Ruheplätzen vor. Dichte Gehölzpflanzungen sollten die Anlage gegen aussen abschirmen, und für den inneren Teil waren üppige Teppichbeete sowie ein Musikpavillon vorgesehen. Anlagen dieser Art waren in der Schweiz nicht üblich. Der von Otto Froebel vorgeschlagene Park im Landschaftsgartenstil zeichnete sich durch eine besondere Eleganz aus. Froebel plante Blumenbeete mit einer sehr vielfältigen Bepflanzung, einen Teich und einen Springbrunnen anzulegen, die Realisierung hätte aber wahrscheinlich den vorgesehenen Rahmen der Finanzen gesprengt. Vielleicht war dies der Grund, dass ein etwas bescheideneres, ebenfalls im Landschaftsgartenstil konzipiertes Projekt von Evariste Mertens zur Ausführung vorgesehen wurde. Mertens' Vorschlag zeichnete sich durch grosse Rasenflächen und Baumgruppen aus, die sich sehr harmonisch zu einem Ganzen fügten.

Schon bald wurde aber Mertens gebeten, ein neues Projekt auszuarbeiten, da die Stadt im Südosten des vorgesehenen Areals ein Schulhaus zu bauen plante und deshalb die Fläche für den Park von 2,20 ha auf 1,37 ha verkleinert hatte. Die Stadt wünschte auch Streichungen anderer Art. Auf den im Siegerprojekt vorgesehenen Springbrunnen sowie auf die Blumenbeete sollte ganz verzichtet und die restlichen Bepflanzungen stark vereinfacht werden. Damit aber nicht genug, es wurden nachträglich noch viele Änderungen gewünscht und so

viele Anpassungen an neue Gegebenheiten notwendig, dass die schliesslich entstandene Anlage auch wenig mit dem zweiten Projekt von Mertens gemein hatte. Die Bäume standen zum Teil in recht schmalen Rasenstreifen oder in Kiesflächen, da man bemüht war, den Kindern des dicht bevölkerten Quartiers möglichst grosse Flächen zum Spielen zur Verfügung zu stellen. Mertens war wohl über die vielen verlangten Abänderungen etwas verärgert, es fällt jedenfalls auf, dass im Werkverzeichnis der Firmengeschichte die Anlage nicht verzeichnet ist.

Die Einweihung des Quartierparks fand dem «arbeitenden Stande zu liebe» an einem Samstagabend, genauer gesagt am 17. August 1901, statt. Der frisch bepflanzte Park mit einem Musikpavillon, Kiosk, Trinkbrunnen und Gasbeleuchtung war mit Lampions geschmückt, und die angrenzenden Häuser waren illuminiert. Nach einer Ansprache folgten Darbietungen des Musikkorps, von Gesangsvereinen und Turnergruppen. Die Letzteren «arrangierten gewaltige Pyramiden und schlossen ihre Produktionen mit einem zauberisch schönen Fackeltanze» ab. Eine Menge von Tausenden von Leuten wogte hin und her, und das Fest endete mit einem grossen Feuerwerk.

Die Begeisterung der Bevölkerung für ihren Park hielt an, wie die Zürcher Wochen-Chronik erfreut berichtet. Die Besucher schätzten es, sich im Park ergehen oder sich auf einem der zahlreichen Bänke ausruhen zu können. Es wird erwähnt, was für eine Wohltat die Anlage für Rekonvaleszenten und alte Leute sei und dass sich die Kinder dort mit besonderer Lust tummelten. Für Musikaufführungen wurden von den Quartiereinwohnern Geld gesammelt, denn Platzkonzerte waren sehr beliebt.

Anfangs machte die Anlage natürlich noch einen etwas kahlen Eindruck, doch das verlor sich mit dem Heranwachsen der Bäume. Eine Anpflanzung mit viel-

Die bronzene Zebrastute und die zwei Fohlen von Rudolf Wening wurden um 1940 nicht nur als ein Blickfang, sondern auch als «Reittiere» für die Kinder im Park aufgestellt. Oskar Mertens setzte sich stets für Qualität ein, insbesondere dann, wenn es um Anlagen für Kinder ging. Bäckeranlage, Zürich-Aussersihl.

seitigem Grün vor dem Schulhaus Feld brachte zudem optisch eine gewisse Ergänzung des Parks und machte damit wenigstens teilweise das wett, um was man die Anlage gegenüber der ersten Projektierung reduziert hatte. Die Schulhausanlage mit den grossen, malerischen Bäumen ist auch heute noch für das Strassenbild sehr wertvoll. Es ist unverständlich, dass entgegen den gesetzlichen Vorschriften die Pflege vernachlässigt und das Parkieren von Autos im schützenswerten Grünraum toleriert wird.

Mit den Jahren wurde die etwas komplizierte Gestaltung der Bäckeranlage vereinfacht und Wege aufgehoben, um grössere, zusammenhängende Rasenflächen zu gewinnen. Damit verlor der Park aber allmählich seine gestalterische Qualität. In den 1930er Jahren entschied sich die Stadt für eine Neugestaltung, die das Gartenbauamt

in Zusammenarbeit mit der Firma Gebrüder Mertens 1938 ausführte. Der Park wurde im Geist des sogenannten Wohngartenstils umgestaltet, für den Spiel- und Liegewiesen, mit Granitplatten belegte Gehwege und asymmetrisch verteilte Baumgruppen charakteristisch waren. Ein neuer Musikpavillon an einem anderen Standort sowie moderne Sitzbänke kamen dazu, die beliebte Figurengruppe von einer Zebrastute und zwei Fohlen von Rudolf Wening wurde gleichzeitig in Auftrag gegeben. Ein Novum war, dass die Kinder auf diesen Bronzetieren «reiten» durften. Mit der Neugestaltung der Anlage nahm man eigentlich mehr oder weniger die Ideen auf, die Evariste Mertens und Otto Froebel schon eine Generation früher geäussert hatten und mit ihren ersten Projekten verwirklichen wollten. Es sollte grosse Rasenflächen und prächtige Bäume im Park geben. Statt

Spätere Zutaten, wie die Pergola hinter dem Bassin, die Sitzstufen aus Beton oder der kleine aufgeworfene Rasenhügel widersprechen der klaren Linienführung und der bewusst eng begrenzten Materialwahl des Wohngartenstils. Bäckeranlage, Zürich-Aussersihl.

einem Teich, wie ihn Froebel vorgeschlagen hatte, wurde nun ein Planschbecken eingerichtet, dessen asymmetrische Konturen, obwohl zum Kanon der neuen Gartenkunst zählend, schon ein wichtiges Gestaltungsprinzip der Zeit des Landschaftsgartenstils waren.

In den folgenden Jahrzehnten erfolgten mehrere wohlgemeinte, aber unkoordinierte Eingriffe, die wenig vorteilhaft für den Park waren. Der angenehme «Wohngarten-Charakter» der Gestaltung der 1930er Jahre, der Oskar Mertens ausserordentlich wichtig gewesen war, ging verloren. Der Musikpavillon krachte wegen falscher baulicher Eingriffe zusammen und der Park verlotterte. Eine Baumreihe auf dem benachbarten Gelände des Schulhauses Kern, die einen wichtigen grünen Hintergrund gebildet hatte, verschwand, und an ihre Stelle ist ein hohes Ballfang-Gitter getreten. In neuester Zeit wur-

de am Ort des ehemaligen Musikpavillons ein Gebäude mit Restaurant und Saal errichtet und dem Park wieder mehr Pflege zugewendet, die Feinheiten der früheren Gestaltung aber bei weitem nicht mehr zurückgebracht. Da das Quartier immer noch oder – wegen der heute viermal grösseren Einwohnerzahl – wiederum zu wenig Erholungsflächen und Treffpunkte besitzt, muss die Anlage für verschiedenste Nutzungen mit den dafür notwendigen Einrichtungen herhalten. Eine Rückgewinnung der gartenarchitektonisch hohen Qualität ist damit vorderhand ausgeschlossen. Dies ist heute das Schicksal allzu vieler öffentlicher Anlagen in der Schweiz. Bei der Vermehrung des Erholungsraums sollte unbedingt darauf geachtet werden, bestimmte Nutzungen auf bestimmte Plätze oder Anlagen zu beschränken und daran zu denken, dass diejenigen, die einfach hie und da durch

Die vor gerade hundert Jahren gesetzten Bäume lassen den Park der Villa Alma am sonst bereits recht stark bebauten Ufer des Zürichsees wie eine Insel erscheinen. Männedorf ZH.

eine schöne Anlage spazieren möchten, keinen lautstarken, aber einen grossen Teil der Bevölkerung ausmachen.

Ein Park am See

Wer von Männedorf mit dem Schiff gegen Zürich fährt, gewahrt gerade an der Grenze der Gemeinde eine lange, etwas vorspringende Anlage am Ufer mit einem schönen Bestand von grossen, alten Bäumen. Dieser Park hat nichts gemein mit den von Uferansichten des Zürichsees aus dem 18. Jahrhundert gut bekannten, ebenfalls oft in den See vorspringenden Ziergärten von alten Landhäusern. Es sind nicht nur die Bäume, aufgrund derer er sich markant von diesen Gartenanlagen unterscheidet,

sondern es fehlen auch die typische umschliessende Mauer und die so häufigen gemauerten Pavillons mit den spitzen Dächern an den äussern Ecken. Am einen Ende des Parks steht die Villa, die der Architekt Richard Kuder für den kunstsinnigen Lederfabrikanten Emil Staub-Terlinden (1867–1929) und seine Gattin Alma gebaut hat und für die in den Jahren 1905/06 der damals in Küsnacht und später in Zürich wohnhafte deutsche Landschaftsarchitekt Leopold Kunde (1868–1934) den Park konzipierte. (Adresse: Almapark, Seestrasse 80, Männedorf)

Die Gestaltung des ziemlich schmalen, uferparallelen Areals, das zur Hälfte durch Aufschüttungen gewonnen worden war, verlangte vom Gartenkünstler grosses Ge-

Das Gebäude muss nach den Regeln des Landschaftsgartenstils von möglichst jedem Ort im Park zu sehen sein, aber immer so, dass ein Teil von Gehölzgruppen verdeckt bleibt. Dies hat die gewünschte Tiefenwirkung zur Folge. Villa Alma, Männedorf ZH.

schick. Da sich der Park vom Haus nicht gegen den See erstreckt, bot sich keine Gelegenheit für eine Szenerie mit interessanten Durchblicken aufs Wasser oder mit einer schönen Fernsicht. Auf der Seeseite blieb nur Platz für eine relativ kleine Gartenfläche. Nun hatten aber die Menschen schon längst auch anderes zu lieben gelernt als die Perspektiven, so das vom Heiteren bis zum Dramatischen wechselnde Wolkenspiel, Morgen- und Abendstimmungen, Sonnenuntergänge und das blanke, geheimnisvolle Licht des Mondes. Dies alles war am See besonders intensiv zu erleben, und bald sollte die Beziehung zum See noch dadurch eine andere werden, dass sich der «neue Mensch» für ein freieres, gesünderes Leben mit Sonnenbad und Sport zu begeistern begann. Das Besitzerehepaar besass

dann auch ein Dampfmotorboot «Stella», für das das grosse Bootshaus unten im südwestlichen Teil des Parks gleichzeitg mit der Villa geplant wurde.

Die schnurgerade Ufermauer ohne namhafte Vorschüttung zwang Kunde dazu, auf andere Art als mit landschaftlichen Elementen das Bild zu beleben. Einen Anfang für die nötige Abwechslung an der Seefront hatte schon Richard Kuder durch Abtreppung der Aussenmauer und des Weges darauf sowie durch die Einrichtung einer Laube und einen vorgesehenen abgesenkten Blumengarten erreicht. Zu den von Kunde geplanten Elementen gehörte eine leicht gebogene Holzbrücke über den Ausfluss eines ebenfalls von ihm konzipierten, kleinen künstlichen Teichs. Ausserdem richtetete er einen Sitzplatz unter einer

Vom Sitzplatz unter der Hänge-Esche in der südöstlichen Ecke des Parks öffnet sich ein schöner Ausblick über den See zum sich dahinter erhebenden Etzel. Alma Park, Männedorf ZH.

malerischen Hänge-Esche ein. Dieser bildete den Abschluss des Uferwegs, neben dem auf der Landseite interessante, vielseitige Gehölze gepflanzt wurden.

Für die Gestaltung eines repräsentativen Eingangsbereichs blieb bereits vor der Strassenverbreiterung wenig Raum. Es wurde eine von der Strasse im Bogen vor die Villa führende Vorfahrt gewählt. Vom Vorplatz führte dann als symmetrische Ergänzung des Bogens ein Weg zu einem kleineren, zweiten Tor an der Strasse und weitere Wege in den Park und um das Haus. Für die erwähnte Verbreiterung der Seestrasse, mit deren Planung in den 1930er Jahren begonnen wurde, mussten auf der ganzen Länge des Parks gut drei Meter Land abgetreten werden, was der Anlage sehr abträglich war. Kunde hatte die Randbepflanzung sehr sorgfältig gestaltet und damit einen natürlich wirkenden Abschluss geschaffen, so als handelte es sich um den Rand eines grösseres Gehölzes. Vor dieser Bepflanzung führte er in leicht geschwungener Linie den einen Längsweg bis zum noch bestehenden, etwas dichteren kleinen Wäldchen von Birken, Haseln, Kiefern und Tannen am östlichen Ende des Grundstücks. Da seeseitig nur einzelne Bäume oder kleine Gruppen von Bäumen standen, gab es auf diesem Weg schattigere und hellere Partien. Nun mussten wegen der Strassenverbreiterung bereits grossgewachsene Bäume, unter anderen eine Catalpa, ein Ahorn, eine Kiefer sowie Scheinzypressen – von den kleineren Gehölzen gar nicht zu reden – gefällt werden. Ein Mammutbaum blieb stehen, wirkt aber direkt neben der damals erbauten neuen Grenzmauer deplatziert. Auch der Weg läuft seither viel zu nahe dieser neuen Mauer mit der dahinter liegenden Strasse entlang, im einen Teil nur gerade in einem Abstand von rund einem Meter. Das macht einen beengenden Eindruck. Natürlich musste auch die Zufahrt abgeändert werden, in Zusammenhang mit dem Bau von

Die Grotte im Park der Villa Alma befindet sich im gleichen vernachlässigten Zustand wie die meisten solchen Anlagen, die es noch gibt. Das Verständnis dafür, was Grotten in den späten Landschaftsgärten bedeutet haben, ist noch nicht richtig erwacht. Zwischen die Steine und in die Spalten von Grottenhügeln hatte man ursprünglich viele verschiedene, interessante Pflanzen gesetzt. Männedorf ZH.

Garagen fanden jedoch später noch weitergehende Eingriffe im Eingangsbereich statt.

Vom Wintergarten und einer schmalen, vorgelagerten Terrasse führt eine breite Treppe aufs Parkniveau hinunter. Hier liegt der von malerischen Baumgruppen gebildete, schönste Gartenraum. Im Hintergrund sieht man eine aus grossen Steinblöcken gebaute Grotte und weiter gegen den See die Steine eines ehemaligen kleinen Alpengartens, von denen ein Bächlein in den schon erwähnten künstlichen Teich fliesst. Wir unterschätzen heute, wie wichtig einst den Gartenliebhabern solche Anlagen waren, aber eine gute Vorstellung davon können uns Beschreibungen in alten Zeitschriften über Gartenbau geben. Es werden «künstlich angelegte, oft mächtige Felsgesteine, Schluchten und Grotten» erwähnt und es wird auf die «wünschbaren Vertiefungen, Risse, Spalten und malerischen Unebenheiten» sowie die feuchten und eher trockenen Stellen hingewiesen, welche es gestatten, eine Menge ganz verschiedener, interessanter Pflanzen anzusiedeln, wie Moose, Farne, Seggen und Fettkräuter. Die Gestalter von Landschaftsgärten liebten es, kleine Wasserläufe anzulegen, die hübsch anzusehen waren und mit ihrem leisen Murmeln, Rieseln oder Sprudeln einen Garten belebten. Sie trugen viel zur gesuchten, beruhigenden Stimmung bei, die den Garten zu einem beliebten Erholungsort machten. Das Verständnis für die Funktion solcher kleiner Wasserkünste in den damaligen Parkanlagen ist später verloren gegangen und das Wissen, wie sie ausgeführt werden sollten, um lange Freude zu bereiten, in Vergessenheit geraten. Wir müssen uns die Grotte und das mit Grottensteinen eingefasste Bächlein im Park der Villa Alma recht belebt vorstellen. Der Weg durch die

Die in den 1940er Jahren entfernte Pergola ist vor wenigen Jahren rekonstruiert worden, den davor gelegenen, kleinmassstäblichen Blumengarten hat man aber nicht mehr aufleben lassen, sondern die unbeholfene, unpassende Grüngestaltung belassen. Es ist schade, dass die gartendenkmalpflegerischen Belange bei Restaurierungen meistens wenig ernst genommen werden. Offenbar fehlen die gartenhistorischen Kenntnisse. Dem Publikum wird etwas als «historischer» Garten gepriesen, was bei weitem nicht den sorgfältigen, älteren Gestaltungen entspricht. Alma Park, Männedorf ZH.

Grotte wurde sicher gerne eingeschlagen. Wir dürfen annehmen, dass früher mit sorgfältig gewählten Pflanzungen im Park dafür gesorgt worden war, dass man beim Blick aus dem Dunkel der Grotte durch den Ein- und den Ausgang oder durch das «Fenster» gegen den See ein sehr effektvolles Bild vor sich hatte. Auch der Pavillon, der in der damals sehr üblichen Art mit etwas knorrigen Hölzern auf dem Grottenhügel errichtet worden war, dürfte einst ein beliebter Aussichtspunkt gewesen sein. Kleine Teiche mit unregelmässigen Konturen, wie derjenige im Alma-Park, wurden allerdings von den Gegnern des Landschaftsgartenstils bald einmal als «Lac des Quatre cantons en miniature» verspottet.

Im Zusammenhang mit der vorgesehenen Verbreiterung der Seestrasse beauftragte Alma Staub den Gartenarchitekten Joseph Träger von der Firma Gebrüder Mertens, die sich nun aufdrängenden Änderungen sowie einige weitere Eingriffe, wie die Aufhebung des Tennisplatzes im Osten des Parks zu planen. Träger machte in den Jahren 1938–1944 mehrere Vorschläge, um die Anlage im Sinn des Wohngartenstils etwas zu modernisieren, es wurden aber nur sehr wenige davon ausgeführt. Im Wesentlichen blieb es bei einigen Korrekturen am oberen, strassenseitigen Rand.

In den letzten Jahrzehnten erlitt der Park manche Einbusse. Man hat ihn zwar im Rahmen der normalen Gartenpflege aufrechterhalten, aber Vereinfachungen vorgenommen und die eingegangenen Gewächse nicht mehr ersetzt. Heute fehlen im Park die prächtigen Sommeranpflanzungen sowie die vielen Rosen, die dort früher überall wuchsen. Mancher einstiger Laubbaum, wie mehrere Birken und japanische Ahorne, eine Pyramideneiche, ein Maulbeerbaum sowie eine Sophora, letztere beide in Hängeform sind auch nicht mehr da. Das einst sorgsam ausgewogene Verhältnis von Laub- und Nadelbäumen ist damit verloren gegangen, und der Park macht heute einen etwas düsteren Eindruck. Eine seltene schlitzblättrige Eiche steht noch immer im west-

lichen Teil, die Zufahrt zur neuen Hafenanlage für Klein-
boote beeinträchtigt aber jenen Bereich sehr. Die einst
klare Trennung zwischen dem Park und seinem Umfeld
ist hier verloren gegangen. Die Villa gehört der Gemeinde Männedorf und dient als Alters- und Pflegeheim. Der
Park ist als Erholungsraum für das Publikum geöffnet. Es
bleibt zu hoffen, dass die Gemeindebehörden seinen
Wert als historisches Gartendenkmal richtig erkannt
haben und keine Nutzungen zulassen, die zu weiterer
Einbussen führen könnten.

Erhalten und Gestalten

Es gibt auch kleine und kleinste Gärten, die seit vielen
Jahrzehnten in gleicher Art erhalten und gepflegt werden
und deshalb unser Interesse finden sollten. Die Maxime
des Schweizer Heimatschutzes «Erhalten und Gestalten»
hat bei den Anstrengungen zum Schutz von solchen
Gartendenkmälern grosse Bedeutung. Erhalten heisst
beim Garten immer auch Gestalten. Die Sommerblumen
müssen gewählt und gepflanzt, die Hecke geschnitten
oder der in den Schatten eines kräftig gewachsenen
Baums geratene Strauch ersetzt werden. Die Pflege verlangt Eingriffe, aber wenn dabei im Sinn des ursprünglichen Gestalters und mit Achtung vor dem Bestehenden
vorgegangen wird, bleibt das Wesentliche doch erhalten.

*Garten des Mehrfamilienhauses Meier-Bosshard-
Strasse 3*

Die Verstädterung setzte in den von Zürichs Zentrum
weiter entfernten, ehemals selbstständigen Gemeinden
erst gegen das Ende des 19. Jahrhunderts voll ein. Mit
dem Bau von Mietshausblöcken sowie von Einfamilien-
häusern und Villen traten auch mehr und mehr Ziergärten an die Stelle der bis dahin üblichen einfachen
Hausgärten mit Gemüse- und Blumenbeeten. Für

Mit gut gewählten Pflanzen kann auch ein schattiger Garten faszinierend
und lebendig wirken. Im Bild sind zu sehen: Akanthus, Gefleckter Aronstab,
Efeu, Elfenblumen, Farne, Funkien, Gefleckte Taubnessel, Hortensien,
Schwertlilien, Steinbreche und Veilchen. Zwischen den Blättern glitzert über-
raschend das Wasser des winzigen Teichs, der als eine Art Untermalung für
die darüber hängenden Blätter zu verstehen ist. Der traditionelle Kiesweg
bildet einen weiteren Kontrast. Meier-Bosshard-Strasse 3, Zürich-Altstetten.

schmale Vorgärten längs neu angelegter Strassen drängte
sich eine andere Art der Gestaltung ohnehin auf. In
den damals beliebten Formen weiter gepflegte kleine
Gärten sind sehr selten geworden.

In Zürich Altstetten gibt es ein sehr kleines Gärtchen,
das, wie die Besitzer versichern, vor rund 90 Jahren angelegt worden ist und seither keine grundlegende Veränderung erfahren hat. Es liegt neben einem mehrstöckigen
Eckhaus aus dem Jahr 1908. Hier findet sich ein winziger,
zweiteiliger Teich mit Seerosen und Goldfischen und um
ihn herum eine für die kleine Fläche erstaunlich vielfältige Bepflanzung. Das Gärtchen passt zu den Häusern,
zwischen denen es liegt, ist es doch in der Art gestaltet,

Nach dem Ableben der Besitzerin ist die fast hundert Jahre alte und ins Inventar der schutzwürdigen Gärten der Stadt Zürich aufgenommene, neubarocke Anlage etwas verwildert, aber alle wichtigen Elemente sind immer noch vorhanden. Ein bewilligtes Neubauprojekt bedroht nun diesen für Zürich kulturgeschichtlich wichtigen und seltenen Zeugen der Gartenkunst. Rainstrasse 22, Zürich-Wollishofen.

wie zur Zeit, als jene entstanden. Die Pflanzen sind mit Umsicht für den schattigen Raum gewählt worden. Ein kleiner Birnbaum macht das Gärtlein zwar noch schattiger, aber er ist ein wichtiges, raumbildendes Element. Verschiedene Stauden, gewöhnliche Tüpfel- und andere Farne sind unter Beachtung der Farben, Formen und des Glanzes der Blätter eindrucksvoll zusammengestellt. In der Welt von verschiedenen Grüntönen sieht man selten etwas Blühendes, vermisst es aber auch nicht. Es gibt Akanthus, Akelei, den Aronstab, zwei Arten von Efeu, Flieder, buntblättrige Funkien, Hortensien, Knöterich, eine Mahonie, Pfingstrose und Primeln. Im Teich stehen Sumpfschwertlilien. Bei der Auswahl der Pflanzen halten sich die Besitzer zum grössten Teil an die alte Tradition aus der Zeit des landschaftlichen Gestaltens. Zum Wäschetrocknen war einst ein Plätzchen weiter rückwärts, versteckt hinter einer Efeuwand bestimmt, das heute als Sitzplatz dient.

Ohne von jemandem dazu angehalten worden zu sein, einfach aus Freude, haben hier die Hauseigentümer ein kleines Zeugnis aus einer längst vergangenen Zeit erhalten und setzen sich dafür ein, dass es weiterhin erhalten bleibt. Zudem pflegen sie auch einen schmalen Vorgarten auf der andern Seite des Hauses, ganz im Unterschied zu den Nachbarn, die hässliche Abstellplätze eingerichtet haben. Das Randbeet vorn beim Eisenzaun ist von einfachen Zementriemen eingefasst und es stehen Sträucher darin: Kirschloorbeer, Hortensien, Rhododendron, Thuja und Rosen. An der Hauswand gibt es zwei halbrunde, von Rabattenziegeln umschlossene Beetchen, in denen moderne Rosen wachsen, die ganze restliche Fläche ist bekiest.

Garten des Hauses Rainstrasse 21

Von ganz anderer Art ist unser zweites Beispiel in Zürich-Wollishofen. Der Zürcher Heimatschutz ist im Sommer 2006 durch die amtliche Anzeige, dass dort ein Garten aus dem Inventar der schützenswerten Gärten und Anlagen der Stadt Zürich entlassen werden soll, auf das Objekt aufmerksam geworden. Es handelt sich um einen neubarocken Garten, der gleichzeitig mit dem Haus um 1913 entstanden ist. Der neubarocke Stil lief parallel zum Architekturgartenstil. Beide Stilarten waren als Reaktion auf den Landschaftsgartenstil entstanden, der damals von den jüngeren Gartenarchitekten als völlig falsche, den Regeln jeder Kunst widersprechende Stilrichtung verschrien wurde. Der Garten sollte einen geschlossenen äusseren Wohnraum bilden und alles darin mit geometrischen, in der Regel geradlinigen Formen gestaltet sein. Der Winterthurer Industrielle, Richard Bühler, war in der Schweiz einer der prominentesten Befürworter des neuen Stils und ein besonders vehementer Verfechter der Ansicht, dass der Landschaftsgartenstil ein Irrtum sei. Den theoretischen Grund, auf dem das Neue entwickelt wurde, schuf vor allem der Leiter der Hamburger Kunsthalle, der Kunsthistoriker und -pädagoge Alfred Lichtwark, am Ende des 19. Jahrhunderts. Im Unterschied zum Architekturgartenstil bevorzugte der Neubarock weiche und vielfältige Formen und reicheren Blumenschmuck. Ein wichtiges Beispiel dafür ist der jüngere Teil des Boveri-Parks in Baden, der 1909 an einen bestehenden Landschaftsgarten angefügt worden ist. Der Neubarock spielt im theoretischen und praktischen Werk des bedeutenden Architekten Paul Schultze-Naumburg (1869 – 1949) eine grosse Rolle. In den zwei Bänden über Gärten in seiner Buchserie «Kulturarbeiten» finden sich viele Darstellungen von neubarocken Anlagen.

Der Erbauer des Hauses an der Rainstrasse war der Elektroingenieur Julius Gysel. Er und seine Frau haben offenbar ihren Garten bis zu ihrem Lebensende in der einmal gewählten Form erhalten und gepflegt. Noch immer sind die typischen, grossen, rechteckigen, mit Buchs eingefassten Flächen zu sehen, in denen es vermutlich Beete von geometrischer Form mit viel Blumen gab. Bei einzelnen Einfassungen finden sich Buchskugeln an den

Die Hecke und der Vorgartenbereich würden bei Verwirklichung eines Neubauprojekts zerstört und damit das in diesem Bereich noch intakte Strassenbild schwer beeinträchtigt. Rainstrasse 22, Zürich-Wollishofen.

Die Aufnahme zeigt die Einbettung der Häuser in die Landschaft. Im Hintergrund ist der Zürichsee zu sehen. Die Terrassierung und die – allerdings nicht bei allen Parzellen durchgeführte – Abgrenzung der schmalen Gärten mit einem Streifen von Blumen lassen einzelne Räume entstehen, aber ohne den Blick über das Ganze und in die Ferne zu beeinträchtigen. Neubühl, Zürich-Wollishofen, Foto um 1990, BAZ.

Ecken. Zwei typische Elemente sind auch die Pergola, die vom Haus nach hinten führt, und ein rundbogiges Heckentor, das den Weg längs der hinteren Hauswand abschliesst. Gegen die Strasse ist das Grundstück mit einer Buchshecke abgegrenzt, die beim hölzernen Gartentor zu Pfeilerform geschnitten ist. Mit grösster Wahrscheinlichkeit ist der Garten ein Werk des bekannten Wollishofer Gartenarchitekten Ernst Klingelfuss (1878–1938), denn er hat die behördliche Bewilligung für die strassenseitige Abzäunung mit einer Hecke eingeholt, und die Art der Gestaltung entspricht, wie Fotos zeigen, durchaus seinem Schaffen.

Nur im hinteren, etwas tiefer liegenden Teil des Gartenareals scheinen nachträglich noch kleinere Veränderungen vorgenommen worden zu sein. Dort finden sich unter anderem ein Brunnen und ein gemauertes Becken einer Art, die zur Zeit der Entstehung der Villa nicht vorkam. Erst in jüngster Zeit, seit die Liegenschaft in andere Hände gelangte und Pläne für einen Neubau entworfen worden sind, kam es zu einer Verwilderung. Es ist der schon vor 20 Jahren durchgeführten, eingehenden Inventarisation der schützenswerten Gärten in der Stadt Zürich zu verdanken, dass der Garten nicht einfach unbemerkt preisgegeben werden konnte.

Gärten der Werkbundsiedlung Neubühl

Zürich-Wollishofen entwickelte sich in den 1920er Jahren sehr stark. Im Gegensatz zu den stadtnäheren

Quartieren verdoppelte sich in diesem Jahrzehnt die Einwohnerzahl fast. Es war vor allem der Bau von genossenschaftlichen Wohnsiedlungen, der dazu führte. Die neue aufgelockerte Bebauungsweise brachte viel Grün in diese Siedlungen. Zunächst spielten Pflanzgärten für Gemüse und Obst noch eine grössere Rolle, bald aber wurden die Flächen zwischen den Bauzeilen oder Gruppen von Blöcken und auch die Gärten der vielen neuen Reihenhäuser immer häufiger so gestaltet, dass sie sowohl zur ruhigen Erholung als auch als Spielplatz für Kinder dienen konnten. Die Aussenräume sollten natürlich wirken und ein Gefühl von Weite vermitteln, was vor allem durch Rasenflächen und eine freie Bepflanzung erreicht wurde. Wege aus locker hintereinander gelegten Trittplatten traten an die Stelle von Kieswegen.

Die Gärten unseres dritten Beispiels, der Werkbundsiedlung Neubühl in Wollishofen, wurden in dieser neuen Art angelegt. Mit dem Bau der Siedlung um 1930 verwirklichte eine Gruppe von Architekten ihre Ideen von einem neuen, freieren Leben. Die Gestaltung der Freiräume hatte der Zürcher Gartenarchitekt Gustav Ammann entworfen. Für alle relativ kleinen Gärten der Reihenhäuser wurde eine gleiche Einteilung in drei Bereiche vorgeschrieben. Der Bereich direkt vor dem Wohnraum mit grossem Fenster und verglaster Türe dient als Sitzplatz. Er kann gegen den Sitzplatz des Nachbarn mit Gehölzen abgeschirmt werden. Die Mittelpartie wird von einer Rasenfläche eingenommen, die seitlich vom nächsten Grundstück nur mit einem Streifen von höchstens 50 cm hohen Gewächsen bepflanzt und nicht abgezäunt werden darf. Man wollte eine zusammenhängende Zone schaffen und – von der Anordnung der Häuserreihen senkrecht zum Hang begünstigt – für jeden Garten gewährleisten, dass es je nach Lage der Reihe eine freie Aussicht auf den Zürichsee oder ins Sihltal gab. Der dritte,

«Blühende Gärten» hiess das wichtige, von Gustav Ammann 1955 veröffentlichte Buch über moderne Gartengestaltung. Einige von den nach seinem Grundkonzept angelegten Gärten in der Siedlung Neubühl, die um 1931/32 entstanden ist, machen diesem Gedanken noch heute alle Ehre. Zürich-Wollishofen.

sich bis zum Zugangsweg der nächsten Häuserreihe erstreckende Bereich dient zur Bepflanzung nach eigenem Belieben der Bewohner, zum Beispiel für Beerensträucher, Gemüse oder auch für Bäume. Durch jede Gartenparzelle führt ein gleicher Trittplattenweg. Gustav Amman hatte mit allen Eigentümern Gespräche geführt und dann jedem einen Vorschlag für die Gartenbepflanzung skizziert.

Natürlich konnten weder das Gartenreglement noch der siedlungseigene Gärtner verhindern, dass mit der Zeit manches verwilderte und Bäume angepflanzt wurden, die nicht zur Siedlung passten oder die zu allzu stattlicher Grösse heranwuchsen. Nach rund 25 Jahren mussten in mühseligen und zum Teil aufreibenden Verhandlungen 131 Gartenbesitzer von der Notwendigkeit einer durchgreifenden Erneuerung überzeugt werden. Das einfache Grundkonzept der vielen kleinen Gärten war ganz darauf gerichtet, eine gute Gesamtwirkung zu erzielen. Es ist erfreulich, dass seit der Entstehung der Siedlung um 1930 an diesem überzeugenden Konzept festgehalten wird und dass es auch heute noch keine Einbauten wie Gartengrills, Sichtschutzwände und Geräteschöpfe gibt, die das Bild von so manchen Gartenarealen bei Einfamilienhaussiedlungen empfindlich stören.

Anhang

Archive und Bibliotheken

In den folgenden Archiven und Bibliotheken finden sich grössere Bestände mit Informationen zu schweizerischen Gärten und Parkanlagen:

Archiv für Schweizer Landschaftsarchitektur, angegliedert am Institut für Geschichte und Theorie der Landschaftsarchitektur, Hochschule für Technik Rapperswil, Oberseestrasse 10, 8640 Rapperswil. Pläne, Bücher, Zeitschriften, Bilder und weitere Dokumente zum Thema schweizerische Landschaftsarchitektur und Gartengeschichte.

Baugeschichtliches Archiv der Stadt Zürich. Neumarkt 4, 8001 Zürich. Bilder, Pläne und Dokumentation über Häuser, Strassen, Plätze und Grünanlagen in der Stadt Zürich.

Bücherei der Schweizerischen Gesellschaft für Gartenkultur, deponiert im Archiv für Schweizer Landschaftsarchitektur, s. oben. Spezialität: Grössere Sammlung von Samen- und Pflanzenkatalogen.

Graphische Sammlung und Hauptbibliothek der ETH (Zentrum), Hauptgebäude, Rämistrasse 101, 8006 Zürich. Bildarchiv sowie ältere Bücher über Gartengestaltung und Gartenpflanzen.

Archiv des Instituts für Geschichte und Theorie der Architektur an der ETH (Hönggerberg), Einsteinstrasse 1–5, 8093 Zürich. Nachlässe der Firmen Fröbels Erben und Gustav Ammann. Bücher, Zeitschriften und Jahrbücher über Gartengestaltung und Landschaftsarchitektur (vor allem aus jüngerer Zeit).

Kantonale Denkmalpflege, Walchestrasse 15, 8006 Zürich. Dokumentationen über schützenswerte Gärten, Unterlagen von Inventaraufnahmen und grosse Fotosammlung von Objekten im Kanton Zürich.

Gartenbaubibliothek, deponiert in der Öffentlichen Fachbibliothek der Schule für Gestaltung Basel, Spalenvorstadt 2, 4003 Basel. Für die Einsichtnahme in ältere Bücher ist eine Voranmeldung notwendig.

Universitätsbibliothek Basel, Schönbeinstrasse 18–20, 4056 Basel. Grosse Sammlung historischer und neuerer Garten- und Pflanzenbücher.

Zentralbibliothek Zürich, Zähringerplatz 6, 8001 Zürich. Graphische Sammlung sowie grosse Sammlung historischer und neuerer Garten- und Pflanzenbücher.

Grössere Gartenbibliotheken im Ausland

Bibliothèque de René Pechère, 55 rue de l'Ermitage, 1050 Bruxelles.

Bücherei des Deutschen Gartenbaues e.V., c/o Universitätsbibliothek, Technische Universität Berlin, Fasanenstrasse 88, 10623 Berlin.

The Dumbarton Oaks Research Library and Collection. 1703 32nd Street NW. Washington, D.C. 20007.

The Lindley Library. Royal Horticultural Society, 80 Vincent Square, London SW1P 2PE.

Bibliografie

Ammann, Gustav.– Steinpfade im Garten, in: Ideales Heim 12, 1938

Ammann, Gustav.– Blühende Gärten – Landscape Gardens – Jardins en fleurs. Erlenbach-Zürich 1955

Ancient Roman Villa Gardens. Ed. Elisabeth Blair Macdougall. Dumbarton Oaks Colloquium on the History of Landscape Architecture X. Washington D.C. 1987

Archäologische Prospektion. Luftbildarchäologie und Geophysik. Arbeitshefte der Bayerischen Landesamtes für Denkmalpflege 59, 1996

Arkadien am Bodensee. Europäische Gartenkultur des beginnenden 19. Jahrhunderts. Hg. Dominik Gügel und Christina Egli. Frauenfeld 2005

Bäckeranlage. Die Gartendenkmäler der Stadt Zürich. Flugblatt. Hg. Büro für Gartendenkmalpflege. S.l. 1991

Die Bauernhäuser der Schweiz 1– . Hg. Schweizerische Gesellschaft für Volkskunde. Basel 1965–

Baumann, Ernst.– Neue Gärten New Gardens. Zürich 1955

Baumgartner, Peter.– Geschichte der Villa Alma in Männedorf, in: Zürcher Denkmalpflege 11. Bericht 1983–1986. Zürich und Egg 1995

Beetz, Gerold E.– Das eigene Heim und sein Garten, 7. Auflage. Wiesbaden o.J. [1913]

Binney, Marcus and Anne Hills.– Elysian Gardens. Save Britain's Heritage. London 1979

Bühler, Richard.– Der Garten. Vortrag gehalten in der 2. Monatsversammlung des Kunstvereins Winterthur. Winterthur 1910

Crettaz-Stürzel, Elisabeth.– Heimatstil. Reformarchitektur in der Schweiz 1896–1914, 1–2. Frauenfeld 2005

Crowe, Sylvia.– Garden Design. New York 1959

Ebnöther, Christa.– Der römische Gutshof in Dietikon. Monographien der Kantonsarchäologie Zürich 25. Zürich und Egg 1995

Ebnöther, Christa.– Der römische Villengarten in Dietikon, in: Der Gartenbau 33, 1990

Eggmann, Verena.– Dietrich-Bernd Steiner.– Zürcher Baumgeschichten. Frauenfeld 1989

Erhalten und Gestalten. 100 Jahre Schweizer Heimatschutz. Hg. Madlaina Bundi. Baden 2005

Fäsi, Johann Conrad.– Staats- und Erdbeschreibung der ganzen Helvetischen Eidgenossschaft, Bd. 1. Zürich 1765

Fretz, Diethelm.– Konrad Gessner als Gärtner. Zürich 1948

Fretz, Diethelm.– Der «zerleite Baum», in: Atlantis 1949

Gärten in Riesbach. Beiträge zur Gartengeschichte Zürichs. Ausstellung der Gesellschaft für Gartenkultur und des Baugeschichtlichen Archivs der Stadt Zürich. Hg. Eeva Ruoff und andere. Zürich 1984

Garden Archaeology. Ed. A.E. Brown. CBA Research Report 78. London 1991

Geschichte der Zürcher Stadtvereinigung von 1893. Im Auftrage des Stadtrates herausgegeben von der Stadtkanzlei. Zürich 1919

Gubler Cornelissen, Regula.– Archäologische Untersuchungen in der Gartenanlage von Schloss Arenenberg (Gemeinde Salenstein TG). Manuskript. Amt für Archäologie des Kantons Thurgau 2004

Guillaume, M.– Notice historique sur les promenades et les plantations d'arbres d'agrément dans le canton de Neuchâtel, in: Musée neuchâtelois 6, 1869

Gunliffe, Barry.– Excavations at Fishbourne 1961–1969. Reports of the Research Committee of the Society of Antiquaries of London XXVI–XXVII, 1971

Hansen, Anne und Men Kräuchi. – Zürichs grüne Insel: unterwegs in 75 Gärten und Parks. Zürich 1997

Hartmann, A.– Über Gartenanlagen mit Beziehung auf schweizerische Verhältnisse. Schweizerische Zeitschrift für Land- und Gartenbau 2, 1844

Der schöne Hausgarten. Hg. Sektionen Thurgau und St. Gallen der Schweizerischen Vereinigung für Heimatschutz. Frauenfeld 1923

Heicke. C.– Gärten von Paul Schädlich, in: Die Gartenkunst 27, 1914

Heyer, Hans-Rudolf.– Historische Gärten der Schweiz. Die Entwicklung vom Mittelalter bis zur Gegenwart. Bern 1980

Hoegger, Peter.– Die Kunstdenkmäler des Kantons Aargau VII, Der Bezirk Baden II. Kunstdenkmäler der Schweiz 87. Basel 1995

Höherer Fachkurs für Landschaftsgärtner in Zürich. Zürich 1945

Hübner, O.– Der Strassenbaum in der Stadt und auf dem Lande, seine Pflanzung und Pflege sowie die erforderlichen Massnahmen zu seinem Schutz. Berlin 1914

INSA Inventar der neueren Schweizer Architektur 1850–1920, Bd. 10. Zürich 1992

Item, Urs.– Vorgärten des 19. Jahrhunderts in der Stadt Zürich. Diplomwahlfacharbeit Garten- und Landschaftsgestaltung, Abteilung für Architektur der ETH Zürich. Manuskript 1990

Jashemski, Wilhelmina F.– The Gardens of Pompeii, Herculaneum and the Villas Destroyed by Vesuvius. New Rochelle 1979

Kassler, Elizabeth B.– Modern Gardens and the Landscape. Revised Edition, New York 1984

Koch, Hugo.– Gartenkunst im Städtebau. Berlin 1914

Koch, Michael, Mathias Somandin und Christian Süsstrunk.– Kommunaler und genossenschaftlicher Wohnungsbau in Zürich. Ein Inventar der durch die Stadt geförderten Wohnbauten 1907–1989. Zürich 1990

Kugler, Silvia.– Von der Grünfläche zum Atrium, in: Du: kulturelle Monatsschrift 18. Mai 1958

Die Kunstdenkmäler der Schweiz 1–. Hg. Gesellschaft für Schweizerische Kunstgeschichte. Basel und Bern 1927–

Lange, Willy.– Gartengestaltung der Neuzeit. Zweite Auflage, unter Mitwirkung für den Architekturgarten von Otto Stahn. Leipzig 1909

Maler und Dichter der Idylle Salomon Gessner 1730–1788. Ausstellungskatalog der Herzog August Bibliothek 30, 2. Auflage. Wolfenbüttel 1982

Mehlstäubler, Arthur.– Gartenmöbel des Jugendstils. Künstlermodelle für Beissbarth & Hoffmann, Mannheim-Rheinau. Karlsruhe 1996

Meier, Jakob und andere.– Das Kloster Fahr. Seit 200 Jahren eine aargauische Exklave. Unterengstringen 2003

Meier, Rudolf und Fred Winkler.– Wollishofen – damals und heute. Sulgen 1993

Mertens, Oskar.– Wie gestalte ich meinen Hausgarten? Zürich 1925

Meyer, Franz H.– Bäume in der Stadt. Stuttgart 1978

Meyer von Knonau, Gerold.– Der Kanton Zürich, historisch, geographisch, statistisch geschildert. Historisch-geographisch-statistisches Gemälde der Schweiz I. St. Gallen und Bern 1834

Michel, Regula und Walter Frischknecht.– Historische Gärten und Parkanlagen in der Stadt Zürich. Zürich 1989

Montenach de, Georges.– La fleur et la ville. Lausanne s.a. [ca. 1906]

Muralt, Johann von.– Eydgnössischer Lust-Garte. Zürich 1715

Murray's Handbook for Travellers in Switzerland and the Alps of Savoy and Piedmont 1838. London 1838; Neudruck Leicester 1970

Nüscheler, Arnold und Salomon Vögelin.– Das alte Zürich. Nachweisungen und weitere Ausführungen bis auf die Gegenwart. Zürich 1878

Der Platzspitz. Chronik eines Gartendenkmals. Hg. Gartenbauamt Zürich (Judith Rohrer-Amberg). Zürich 1995

Preis-Courant der Ornamente und Baugegenstände von Gebrüder Sulzer in Winterthur. S.l. 1861

Rittmeyer, Robert.– Bauwerk, Bäume, Busch und Blumen. Ein Beitrag zur Pflege der schönen Heimat. Elgg 1941

Runtzler, H.– Unsere Haus-, Villen- und Schloss-Gärten oder die Landschaftsgärtnerei als Gesundheitsfaktor und Bodenrentner in Alpen- und Gebirgs-Ländern. Zürich 1898

Ruoff, Eeva.– Gartenarchäologische Untersuchungen aus jüngster Zeit in der Schweiz, in: Die Gartenkunst 1, 1989

Ruoff, Eeva.– Evariste Mertens, ein bedeutender Gartenarchitekt, in: Unsere Kunstdenkmäler 44, 1993

Ruoff, Eeva.– Von den Anfängen des Promenadenwesens in Zürich. Rudolf Blattner als Stadtgärtner, in: Garten, Kunst, Geschichte. Festschrift für Dieter Hennebo zum 70. Geburtstag. Grüne Reihe, Quellen und Forschungen zur Gartenkunst 16, Worms am Rhein 1994

Schinz, H.– Der Kanton Zürich in naturgeschichtlicher und landwirtschaftlicher Beziehung dargestellt. Zürich 1842

Schulthess, Gustav W.v. und Christian Renfer.– Von der Krone zum Rechberg. 500 Jahre Geschichte eines Hauses am Zürcher Hirschengraben. Stäfa 1996

Schulze-Naumburg, Paul.– Kulturarbeiten II, «Gärten» sowie «Ergänzende Bilder zu Bd. 2». Zweite vermehrte Auflage, München 1910

Schwarz, Urs.– Der Naturgarten. Frankfurt am Main 1980

Seleger, Josef A.– Eine Siedlungspflanzung nach 30 Jahren, in: Anthos 3, 1964

Shepheard, Peter.– Modern Gardens. London 1953

Siedlungs- und Baudenkmäler im Kanton Zürich. Ein kulturgeschichtlicher Wegweiser. Hg. Direktion der öffentlichen Bauten des Kantons Zürich / Ottavio Clavuot. Stäfa 1993

Stoffler, Johannes.– «Es ist überall Erdbebenzeit». Gustav Ammann und die Wunschlandschaft Garten, in: Topiaria helvetica 3, 2003

Spycher, Hanspeter.– Gartenarchäologische Untersuchungen bei Schloss Waldegg, Gemeinde Feldbrunnen, Kanton Solothurn, in: Festschrift für Hans R. Stampfli. Hg. Jörg Schibler, Jürg Sedlmeier und Hanspeter Spycher. Basel 1990

Steiner, Robert.– Grünanlagen und Gärten im Stadtbild Winterthurs, in: Unsere Kunstdenkmäler 27, 1976

Sulzer, J.C.– Garten-Büchlein oder zulängliche Nachricht wie man mit den meisten nutzlichen und ergetzlichen Pflanzen im Kraut-Blumen- und Baumgarten umgehen solle. Neue Auflage. Zürich 1772

Valentien, Otto.– Neue Gärten. Neue Ausgabe, Ravensburg 1957

Weilacher, Udo und Peter Wullschleger.– Landschaftsarchitekturfüh-
rer Schweiz. Basel 2002

Wimmer, Clemens Alexander.– Gusseiserne Beeteinfassungen in Glarus entdeckt, in: Mitteilungen der schweizerischen Gesellschaft für
Gartenkultur 11, 1993

Wimmer, Clemens Alexander.– Bäume und Sträucher in historischen
Gärten: Gehölzverwendung in Geschichte und Denkmalpflege.
Dresden 2001

Winterthur und seine Gärten. Wegleitung zur Ausstellung im Gewer-
bemuseum Winterthur 1975. Hg. Heinz Keller, Karl Keller, Heinz
Reist und Robert Steiner. Winterthur 1975

Wirtschaftsfaktor Tourismus in Sachsen-Anhalt. Daten, Fakten, Zah-
len. Tourismus-Studien Sachsen-Anhalt 8. Magdeburg 2002

Zürich im 18. Jahrhundert. Hg. Hans Wysling. Zürich 1983

12 Gärten. Historische Anlagen in Zürich. Hg. Judith Amberg und Silvia Steeb. Zürich 2004

Abkürzungsverzeichnis

BAZ	Baugeschichtliches Archiv der Stadt Zürich
GTLA	Institutfür Geschichte und Theorie der Landschaftsarchitektur
ICOMOS	International Council on Monuments and Sites

AG	Kanton Aargau	LU	Kanton Luzern
BE	Kanton Bern	SG	Kanton St. Gallen
BL	Kanton Baselland	SO	Kanton Solothurn
FR	Kanton Freiburg	TG	Kanton Thurgau
GL	Kanton Glarus	TI	Kanton Tessin
GR	Kanton Graubünden	VD	Kanton Waadt
JU	Kanton Jura	ZH	Kanton Zürich

Dank

Wir möchten dem Zürcher Heimatschutz sehr dafür danken, dass er es übernommen hat, dieses Buch herauszugeben. Danken möchten wir auch Frau Esther Fuchs am Baugeschichtlichen Archiv der Stadt Zürich, die uns bei Abklärungen sehr behilflich war, und der Kantonsarchäologie Thurgau dafür, dass sie uns einen Vorbericht über die gartenarchäologischen Ausgrabungen im Park von Arenenberg zur Verfügung gestellt hat. Für das Lesen der Manuskripte und die in schwierigen Situationen immer wieder sehr ermutigende Begleitung des Entstehungsprozesses dieses Buches sprechen wir dem Verlagsleiter, Herrn Hansruedi Frey unseren herzlichsten Dank aus. Ebenfalls sehr danken möchten wir Frau Charlotte Krähenbühl vom Verlag Huber, die das Organisatorische übernommen hat und Herrn Arthur Miserez, der das Buch gestaltet hat.

Eeva und Ulrich Ruoff